틸리케는 탁월한 신학자인 동시에 교회를 깊이 사랑하는 목회자다. 그는 신학 공부를 시작하는 사람들에게 목회자로서 그리고 신학자로서 애정 깊은 충고를 이 책에 담아 놓았다. 신학생으로서 내가 경험한 일들 그리고 신학 교수로서 학생들에게 주고 싶었던 말들이 이 책에 고스란히 담겨 있다. 짧은 글이지만 그의 사상은 깊은 고뇌에 뿌리를 두고 있으며 그의 언어는 정밀하게 연마되어 있다. 그렇기에 한 번 읽고 말 책이 아니다. 신학 공부의 여정에 있는 사람이라면 가끔씩 정독하며 자신을 돌아볼 만한 귀한 책이다.

김영봉 와싱톤사귐의교회 목사

압도적인 통찰력을 지닌 이 책은 1962년에 처음 출간된 후 오랜 시간의 흐름 속에서 오늘날까지 여전히 건재하다. 지속적으로 기도에 힘쓰고 성경에서 하나님의 말씀을 듣는 것은 신학을 공부하는 이들의 근본적인 기초이지만 몰아치는 학습량의 압박 속에서 그 기본을 잊기 쉽다. 신학을 공부하는 이들은 사역을 불구로 만들고 성도들을 떠나게 만드는 영적 질병이 발병하지 않도록 이 얇은 책에 담긴 지혜에 귀를 기울이는 것이 현명할 것이다.

브라이언 하비 리버티 침례신학대학원 사목센터 부소장

젊은 신학생이었던 시절의 내 뻔뻔함을 생각하면 몸이 떨린다. 그리고 지금도 그러한 뻔뻔함이 고개를 들 때면 여전히 몸이 떨린다. 차이가 있다면, 나이가 들고 경험이 쌓이면서 이제는 적어도 이 괴물을 인식할 수 있게 되었다는 것뿐이다. 나는 최소한 십 년에 한 번씩은 이 현명한 책으로 나 자신을 훈련한다. 틈만 나면 자만의 악한 영이 내 안에 파고들기 때문에 이 책을 읽고 유익을 맛보지 못한 적은 아직까지 한 번도 없다.

그레고리 레이놀즈 *Ordained Servant Online* 편집장

이 자그마한 연습서를 '신학 공부를 시작하는 이가 주머니에 넣고 다니며 읽을 만한 얇은 책'이라는 말로 추천하는 것은 이 책의 가치에 미치지 못하는 소개다. 더 원숙한 신학자들도 이 책을 읽기를 바란다. 이 책은 신학 강의실을 떠난 지 이미 오래된 목회자들에게도 울림을 안겨 줄 것이다.

「하버드 신학대학원 신문」

신학을 공부하는 이들에게

IVP(InterVarsity Press)는
캠퍼스와 세상 속의 하나님 나라 운동을 지향하는
IVF(InterVarsity Christian Fellowship)의 출판부로
생각하는 그리스도인을 위한 문서 운동을 실천합니다.

Copyright © 1959, 1962 by Helmut Thielicke
First published 1959 in German under the title
Kleines Exerzitium für Theologen
English translation published 1962 under the title
A Little Exercise for Young Theologians by Helmut Thielicke
This English edition published 2016 by Wm. B. Eerdmans Publishing Co.
4035 Park East Court SE, Grand Rapids, Michigan 49546, USA.
All rights reserved.

This Korean edition is translated and used by permission of
Wm. B. Eerdmans Publishing Co. through arrangement of
rMaeng2, Seoul, Republic of Korea.

This Korean edition copyright © 2019 by Korea InterVarsity Press
156-10 Donggyo-Ro, Mapo-Gu, Seoul 04031, Republic of Korea.

이 한국어판의 저작권은 알맹2 에이전시를 통하여
Wm. B. Eerdmans Publishing Co.와 독점 계약한 IVP에 있습니다.
신 저작권법에 의하여 한국 내에서 보호받는 저작물이므로
무단 전재와 복제를 금합니다.

신학을 공부하는 이들에게
A Little Exercise for Young Theologians

헬무트 틸리케
박규태 옮김 | 박영돈 해설

Ivp

일러두기

1. 이 책은 독일어판 원서 *Kleines Exerzitium für Theologen*(1959)을 1962년에 찰스 테일러(Charles L. Taylor)가 영어로 번역한 *A Little Exercise for Young Theologians*를 우리말로 옮긴 것으로, 마틴 마티(Martin E. Marty)가 쓴 '들어가는 글'은 2016년의 영어판(Eerdmans)에만 실려 있다. 영어판을 토대로 독일어판 원서(1965, Furche)를 참조해 번역했고 독일어판의 표현을 상당 부분 반영했다.
2. 저자 주는 약물(•)로 표시하고, 옮긴이 주는 번호를 달아 모두 각주로 실었다.

차례

들어가는 글 9

1장 독자의 이해를 위하여 23
2장 평범한 그리스도인이 신학에 대해 느끼는 불안 27
3장 신학생의 귀향 때 생기는 안 좋은 경험 31
4장 신학적 변성기 35
5장 신학 관념에 빠진 이들의 충격 요법 41
6장 신학적 허영심의 병리 45
7장 믿음의 동맹자인 세상 지혜 51
8장 하나님 자녀의 본능 57
9장 교의학이라는 근사한 예술 61
10장 미학의 위험 67
11장 기도에서 시작하는 교의학 71
12장 신성한 신학과 마귀의 신학 75
13장 산에 오르는 신학 연구에 관하여 79

해설 틸리케와 함께 신학의 여정을 떠나다 85
아주 짧은 옮긴이 말 93

들어가는 글

여러분이 괜찮다면, 이 아담한 책을 축하 카드쯤으로 생각해 주십시오. 그렇게 생각하는 것이 이 책의 첫 번째 목적, 곧 담대하게 신학 공부의 첫 걸음을 내디딘 사람에게 좋은 여행이 되길 바라며 인사(Bon Voyage!)를 건네려는 목적에 가장 잘 이바지할 수 있겠습니다. 마찬가지로, 이 책은 지나온 길을 되돌아보며 처음 품었던 뜻에 비춰 자신을 평가해 보려는 현장의 겸손한 목사에게도 그간의 세월을 축하하는 인사(Happy Anniversary!)를 건넬 수 있겠습니다. 이미 신학자가 다 된 것처럼 우쭐대는 사람에게는 (회복할 가망이 있다면) 쾌유를 비는 카드로서 필요할 수도 있겠고, 극단의 예가 될 수도 있겠지만 신학 연구의 흥분과 희망을 모조리 잊어버린 사람에게는 위로를 전하는 카드로서 필요할지도 모르겠습니다.

내가 방금 적은 글에는 '신학'이라는 말이 이런저런 형태로 세 번 등장했습니다. 결국 내가 적은 글은 이 책의 의도, 다시 말해 어려운 신학 언어를 명쾌하고도 힘찬 언어로 말해 보려는 저자의 의도를 주의 깊게 되살려 말한 것입니다. 이 책을 신학의 길에 들어선 지 얼마 안 된 신학생을 맞이하는 데 사용한다면, 이 책이 금세 기념품으로 전락하여 구석으로 밀려나는 일은 일어나지 않을 것입니다. 누구라도 이 책이 말하려는 의미를 속속들이 이해하기 시작한다면, 틀림없이 이 책을 찾아보고 또 찾아볼 것입니다. 저자는 이제 막 피어나는 신학생이 이 책에서 좋은 조언을 얻길 기대합니다.

조언을 받아들이기 전에 조언자가 그럴 만한 자격이 있는 사람인지 점검하는 것은 온당한 일입니다. 그는 무슨 권리로 조언을 하는가? 우리에게 설교를 늘어놓거나 자기 의견을 우리 의식 속에 집어넣으려는 것인가? 그는 거만하게 잘난 체하거나, 우리를 무시하려고 하지는 않는가? 이 책의 경우에, 그는 신학이 무엇이며 신학생이 어떤 사람인지 다 꿰고 있다는 말인가?

기독교 세계를 살펴볼 때, 우리가 헬무트 틸리케보다 토를 달지 않고 조언자로 인정할 만한 이는 거의 없을 것입니다. 그는 몇 가지 중책을 맡았는데 그 모든 중책에 다 적합한 사람이었습니다. 함부르크 대학교 총장으로 있을 때는 역사가 학문 기관의 수장에게 요구하는 책임뿐 아니라 (그가 이 책에서 자신을 일컬은 대로) 세상의 경영자와 같은 역할을 해야 했습니다. 또 그는 실천하는 신학자로서 밀도 있는 기독교 윤리학 강의가 이루어지는 마당을 제공하기 위해 교수로서 해야 할 일을 다 했습니다. 많은 독자가 그를 설교자로 알고 있을 것입니다. 어떤 이들은 그를 20세기 가장 위대한 설교자 가운데 한 사람들로 꼽습니다. 독일의 시사 잡지 표지에 실리기도 했습니다만, 그가 '세속에 찌든' 함부르크에서 한 주에 두 차례 아주 큰 교회를 사람들로 가득 채운 일은 유명합니다. 그가 한 설교는 번역되어 많은 책으로 나왔으며, 설교자들이 읽고 자양분으로 삼는 극소수 책 가운데 들어 있습니다. 마지막으로, 우리는 그를 코듀로이 스포츠 코트를 입고 세계를 여행한 인물 또는 이야기꾼으로 묘사합니다. 그는 이 모든 역할을 능숙하게 해냈습니다. 이렇게 다양한 역할을 하나하나 수행한 덕분에 여기서 사용하는 다양한 어조의 목소리를 갖출 수 있었습니다.

학자다운 학자요 강렬한 열정이 있으며 청중에게 관심이 깊은 틸리케는 그 청중의 신뢰를 얻습니다. 그는 신학생들에게 아주 괴로우면서도 아주 자상하여 그들의 상처를 치유해 주는 말을 들려줍니다. 이런 말을 그렇게 들려줄 수 있는 이는 거의 없습니다. 물론 오존층만큼이나 크고 넓은 유럽 신학 세계에는 그보다 예리한 신학자들이 있습니다. 넓은 포장도로처럼 광대한 미국의 실제 교회 생활을 봐도 분명 그보다 나은 행정가가 있습니다. 그러나 훌륭한 학문 연구와 실제 교회를 속속들이 알고 이끌 수 있는 지도력을 겸비한 인물로 그와 견줄 만한 이는 거의 없습니다. 오늘날 유럽에서는 이 둘을 겸비하는 것이 아주 필요하며, 다른 각도에서 보면 이는 서반구에서도 마찬가지로 환영을 받으리라 확신합니다.

틸리케는 1908년에 태어나 넓고 깊은 전통을 지닌 독일의 신학 교육을 받았으나 1930년대에 한 인간으로서 위기를 겪었습니다. 그리고 그의 이력이 막 꽃을 피우던 그 무렵 국가사회주의가 몰고 온 공포로 말미암아 시련을 겪어야 했습니다. 그는 나치즘에 맞섬으로써 새로운 발언권을 얻었습니다. 제2차 세계대전이 끝나자 그가 알려지기 시작했습니다. 이 책을 집어 든 노련한 신학자나 목사라면 분명 이미 그 책장에 틸리케의 폭넓은 관심사를 보여 주는 다음 저서 중 몇 권은 가지고 있을 것입니다. 『하나님과 악마 사이』(*Between God and Satan*, 성광문화사), 『하나님의 침묵』(*The Silence of God*), 『세계를 부둥켜안은 기도』(*Our Heavenly Father*, 홍성사), 『기다리는 아버지』(*The Waiting Father*, 컨콜디아사), 『세상이 어떻게 시작되었는가』(*How the World Began*, 컨콜디아사), 『그리스도와 삶의 의미』(*Christ and the Meaning of Life*, 대한기독교서회), 『허무주의』(*Nihilism*), 그리고 그가 불트만에게 보낸 박식한 답변. 새로 신학의 길에 들어선 사람은 곧 이런 책들을 소장하고 읽을 뿐 아니라 그의 방대한 저작인 『기독교 신학적 윤리』(*Theological Ethics*, 화평앤샬롬)도 통독하게 될 것입니다. 틸리케는 우리 같은 사람들이 읽는 속도만큼 빠르게 글을 썼습니다.

이렇게 책 서두에서 저자의 생애를 두드러지게 강조함은 저자를 당황케 하려 함이 아니라, 그가 겸비한 여러 특별한 미덕이 얻으려 한다고 얻어지는 것이 아니며 그 앞에 놓인 임무, 곧 신학의 길에 들어선 이들에게 충고를 제시하는 일을 위해서는 분명 필요하고 반드시 갖춰야 하는 것임을 보여 주기 위해서입니다. 나는 그가 신학을 지적 의미에서나 도덕적 의미에서 가벼운 겉핥기식 과업으로 여겼다는 인상을 결코 남기고 싶지 않습니다. 여러분은 틸리케가 신학을 한편으로는 '성찰'이요 다른 한편으로는 '양심'이라 정의하는 모습을 보게 될 것입니다. 틸리케의 작품은 내적 일관성을 보여 주는데, 이런 일관성은 그가 쓴 많은 표현이 빛을 발산하는 한 중심에서 나온다는 인상을 확실히 증명해 줍니다.

물론 저자가 가진 장점에 단점이 함께 따라오기도 합니다. 사람들을 압도하는 틸리케의 문체가 때로는 또 다른 관점의 타당성을 가려 버리기도 합니다. 예를 들면, 기독교에 뿌리박고 있는 그의 의식은 그가 허무주의를 다룬 그의 책에서 이해하려 한 허무주의자를 너무 성급히 짓눌러 버립니다. 혹은 그가 제시한 비유 주해를 읽다가 그 주해에 눌려 두려움에 사로잡히는 이가 있을 수도 있습니다. 따라서 혹 어떤 학생은 본문을 참조하면서 그 의미와 관련하여 다른 학자들이 꼼꼼히 탐구한 결과—이를테면, 요아킴 예레미아스(Joachim Jeremias)나 찰스 해럴드 도드(Charles Harold Dodd) 같은 이들이 제시한 결과—가 '학문의 관점에서는' 그 비유에 더 충실한 해석일 수 있겠다는 결론에 이를지도 모르겠습니다. 틸리케의 직관과 직감은 아주 다채로워 다른 수준의 관심사와 정확성이 희생당할 수도 있습니다. 여러분은 "틸리케의 분석과 표현이 강렬하다고 그것이 그를 비판할 이유가 되겠습니까?"라고 물을지도 모르겠습니다. 그러나 시종일관 자기 원칙을 철저히 지키고 자기 할 말을 확실하게 하는 사람은 더 조용히 신학 과업에 매진하는 이들보다 불공평한 이점을 가질 것입니다. 이는 독자가 스스로 점검해 볼 수 있습니다. 출판사가 논지를 정리할 깨끗한 여백을 제공하는 것도 그 때문입니다. 조언을 담은 책은 그런 식으로 읽어야 합니다.

틸리케 박사는 이 책을 "신학생에게 주는 작은 연습서"라고 부릅니다. 이 책에서 그는 자신에게 주어진 과업, 곧 자신이 맡은 과목의 수업을 시작하려 합니다. 나는 출판사가 이 책의 성격을 염두에 두었다고 믿으며, 그리 믿는 것이 현명하다고 봅니다. 출판사는 최초 청중보다 미국 청중에게는 의미가 덜한 부분들도 그대로 두었습니다. 그러나 그 바람에 우리는 우리가 직접 참여하고 싶은 강의를 몰래 엿듣는 느낌을 갖습니다. 이는 우리가 여기서 자상한 조언을 들을 수 있겠다는 느낌을 앗아가 버립니다. 틸리케는 이 책에 '연습'(exercise)이라는 이름을 붙임으로써 이냐시오 데 로욜라(Ignacio de Loyola)가 지은 『영신 수련』(*Exercitia spiritualia*, 이냐시오영성연구소)과 그리스도인의 자기 수련을 다룬 다른 책들이 취한 형식을 염두에 둡니다. 이 때문에 나는 이 책을 신학적 자기 수련에 관한 교훈이라 묘사하고 싶습니다. 이 책은 어떤 심오한 분야의 '작은 연습서'에 불과할 수도 있습니다. "아이네 클라이네 나흐트무지크"(Eine kleine Nachtmusik)일 수도 있고, 신학 도서관의 "데 프로푼디스"(*De Profundis*)에 딸린 장식음 하나일 수도, 벽화 발치에 다 칠하지 않고 남겨져 있는 펜 스케치일 수도 있습니다. 그러나 이 책은 그 나름의 간소한 방법으로 모든 것을 알려 줄 수도 있습니다. 연극 무대에서 속삭이는 '방백'(傍白)이 직접 말하는 다른 모든 대사에 화끈한 한 방을 날릴 수도 있습니다. 여기에는 틸리케가 신학을 관람하는 청중에게 던지는 방백이 있습니다.

책을 소개하는 사람에게는 그 내용을 예상케 하거나 되풀이하려는 유혹이 종종 찾아옵니다. 그러나 나는 그런 유혹에 빠지는 대신, 이 책의 논지와 대화를 나누겠습니다. 미국에서 자의식을 갖춘 신학자가 되어 가거나 이미 그런 신학자가 된 그리스도인도 이 책에 나오는 이들과 동일한 문제를 갖고 있을까요? 대륙 신학자는 미국 신학자보다 많은 시간을 상아탑 안에서 살아간다고 합니다. 활동가라 해도 덜 활동적이고, 신학은 실제 교회 생활과 연관되기보다 엄격하고 체계적이며 점잖은 학문 활동과 더 관련이 깊습니다. 반면 미국 교회 지도자는 복음 전도, 청지기적 섬김, 목회적 돌봄, 행정 같은 분야에서 앞서고 있습니다.

그러나 으레 보아 왔던 이런 모습이 바뀌고 있습니다. 히틀러 시대를 겪으며 솟아난 용기는 독일 신학자들을 상아탑에서 뛰쳐나오게 만들었고, 이렇게 뛰쳐나온 학자들은 전쟁이 끝난 뒤에도 신앙과 세속 세계를 이어야 할 도전 때문에 다시 상아탑으로 돌아갈 수 없었습니다. 그런가 하면 유럽의 목사도 세상의 이목을 다시 모으고, 자신이 섬기는 양 떼에 헌신하며 이들을 섬기고자 더 열심히 일해야 했습니다.

21세기 미국 신학자도 비슷한 과업을 안고 있습니다. 신학자는 신학자뿐 아니라 '외부인'에게도 이야기합니다. 미국의 현장 교회 지도자는 미국보다 약한 기독교 부흥을 체험한 대륙의 동료 목회자보다 (적어도 표면상으로는) 그 일을 더 쉽게 여길지도 모르겠습니다. 하지만 이제는 대서양 양쪽 모두에서 신학자가 말하려는 의도와 현장 목회자들이 말하려는 의도 사이에 종류의 차이가 아니라 정도의 차이가 있음을 이야기해야 할 날이 왔습니다.

비록 긴장의 강도는 줄어들었습니다만 신학 작업과 활동가의 프로그램 사이, 교회 공동체와 이 공동체를 밑받침하는 사람들 사이에는 여전히 비극적 단절이 남아 있습니다. 평신도 회중은 신학이라는 학문의 가치를 거의 인정하지 않거나 신뢰하지 않습니다. 학문 세계에서 살아가는 신학자들은 평범한 일상을 살아가는 목사들에게 거의 공감하지 못합니다. 기독교는 같은 영이 주시는 다양한 은사를 인정합니다. 이런 은사 가운데 어떤 것들은 한 사람이 같이 지녀야 하고 같이 지니도록 독려해야 합니다. 틸리케는 예수 그리스도를 섬기는 모든 사역자가 훈련받은 신학자이자 실천하는 교회 지도자여야 한다고 주장합니다. 그것이 그가 쓴 이 작은 연습서의 또 다른 관심사입니다.

나는 틸리케가 제시하는 이야기와 별개로 오늘 미국에서 신학의 적이 무엇인지 생각해 보았습니다. 첫 번째 적은 널리 퍼져 있는 불신입니다. 이는 학계 안까지 파고 들어와 있습니다. 이 불신은 신학을 피하라는 조언을 만들어 냅니다. 그 조언은 이렇게 말합니다. "기독교 신앙은 지적 검증을 통과할 수 없다, 그러므로 기독교가 단언하는 주장이 분석과 세세한 검증에 굴복하지 않도록 부지런히 움직여라, 그래야 살아남을 수 있다." 두 번째 적은 교회가 행하는 많은 긴요한 사업에까지 퍼져 버린 무관심과 낮은 상상력입니다. 무언가가 우리 교회 담장 안, 우리 교구 관내에서 일어나는 일에 당장 영향을 미치는 것처럼 보이지 않으면 그런 것에 좀처럼 주의를 기울이지 않습니다. 또 다른 적이 있습니다. '활동가'(doer)와 '사상가'(thinker)를 대립 개념으로 보면서, 전자를 우상처럼 떠받드는 것입니다. 헬라어 신약성경을 꼼꼼히 연구하는 장인보다 수완가나 성격 좋은 인물이 어쨌든 더 많은 건물을 짓고 더 많은 예산을 확보하며 더 큰 목소리로 설교합니다. 어떤 이들은 이런 유형이 그리스도와 삶의 의미 사이, 신앙과 다른 진리들 사이를 더 크게 갈라놓는 데 이바지한다는 것을 크게 개

의치 않습니다. 엔진이 연기를 뿜으며 돌아가고 바퀴가 굴러 가는 한, 그것으로 만사형통입니다. 마지막은, 지나친 강조가 아닌지 주저됩니다만, 미국 기독교 안에 존재하는 반(反)지성주의입니다. 이는 19세기 사람들이 하나님을 향해 품었던 경건하고 뜨거운 마음이 물려준 유산입니다. 아니면 이것은 20세기에 상대주의가 종교 안에 널리 퍼지면서 나타난 부산물일 수도 있습니다.

틸리케의 규칙을 따른다면, 미국에서 이 연습을 하고자 하는 사람은 신학의 적들도 헤아리며 이해해야 합니다. 신학을 불신하는 이유는 여러 가지가 있으나, 그 첫째는 신학의 한계가 불러일으키는 좌절입니다. 신학이 언제나 구원을 가져오지는 않습니다. 계시가 대답하지 않는 곳에서는 신학도 대답을 주지 못합니다('악의 존재론적 기원은 무엇인가?' 같은 문제가 그런 예입니다). 다른 경우에는 지식인을 편드는 그릇된 주장들이 경건한 그리스도인을 소외시키기도 합니다. 4세기 키지쿠스의 주교 유노미오스(Eunomius, "나도 하나님이 당신 자신을 아시는 만큼 하나님을 안다"고 주장했습니다)가 신학자의 수호성인처럼 보일 때가 아주 많았습니다. 잘 알려진 '신학적 증오'(*odium theologicum*), 곧 큰 사안들에 많은 신경을 쓰는 편협한 사람들의 옹졸함은 삼척동자도 다 아는 문제점입니다. 신학자들이 교회 생활 및 구체적 사안들에서 자기 자신을 분리하는 경향은 활동가에 가까운 평신도와 교구 목사들의 눈에는 기독교 신앙을 잘못 읽어 낸 비극으로 보입니다. 때로는 신학자들이 배움과 경험이 늘어나면서 그들의 견해를 바꾼다는 사실이 불신을 만들어 내기도 합니다. 물론 그래서는 안 되겠지요. 완전한 진리는 오직 하나님께만 속한 것이니까요. 하지만 이 모든 허물 중에서 가장 큰 비판을 얻어 듣는 것은 신학자들이 늘어놓는 전문 어휘, 약어, 특수 용어입니다. 우리는 의학 전문 용어(누가 그저 "배가 아프시군요" 같은 말을 듣고 싶겠습니까?), 과학 전문 용어(이 과학 세계에서는 어린이도 "world wide web"이라는 말을 거침없이 내뱉지요)는 기꺼이 환영하면서, 순전한 복음을 다루는 신학 분야에서는 전문 용어를 신뢰하지 않습니다. 틸리케는 이 점과 관련하여 지혜로운 말을 들려줍니다.

이렇게 신학을 거부하는 적이 여럿 있고 신학을 향한 그들의 불신에도 정당한 이유가 있기는 하지만, 그래도 교회에는 신학이 필요합니다. "네 온 뜻(지성)을 다해" 주를 사랑하라는 명령이 있습니다. 변화하는 세상은 늘 새로운 문제를 제시하고, 언어와 의미에 대하여 근본적인 새로운 의문을 제기합니다. 신앙 둘레에 비좁은 울타리나 높은 벽을 쌓아야겠습니까, 아니면 신앙을 더 큰 질문과 연결시켜야겠습니까? 신학 과업은 본디 고유한 특성을 갖고 있습니다. 깊이는 목격자를 요구합니다. 신학은 늘 있을 수밖에 없습니다. 그 신학이 좋은 신학이냐 나쁜 신학이냐, 사리 분별을 할 수 있는 신학이냐 아니냐, 논리 정연한 신학이냐 산만한 신학이냐가 문제일 뿐입니다.

앞에서 말한 것과 같은 문제 상황에 마음을 쓰는 사람이라면 누구나 틸리케의 조언이 담긴 이 책을 반길 것입니다. 지금 자칫 잘못하다간 축하 카드보다 봉투가 더 길어지거나 연습을 시작해야 할 마당이 온갖 잡동사니로 난장판이 되겠습니다. 기나긴 대화를 이어 가고픈 유혹을 거부하기가 힘듭니다. 영적 연습은 반응과 논쟁과 헌신을 요구합니다. 그런 연습이 다른 독자들의 마음속에도 비슷한 유혹을 불러일으킨다면, 그들이 신학생이든 아니든, 이제 막 첫 걸음을 내디딘 사람이든 아니든, 이 책은 그 목적을 이뤄 낼 것입니다.

일리노이주 시카고에서
마틴 마티

1장   독자의 이해를 위하여

(원래 제목은 '교실에서 학생과 함께')

오래전에 튀빙겐 대학교 교수를 지낸 요한 토비아스 베크(Johann Tobias Beck)는 가끔씩 강의에 여담을 섞어 넣어 강단을 설교단으로 바꾸곤 했습니다. 나는 그와 비슷한 일이 오늘 우리 교사와 학생에게도 해가 되지 않으리라고 생각합니다. 이전에도 종종 그랬듯이, 나는 여기서 그런 식의 외도를 해 보려고 합니다. 독자 여러분은 이런 사실을 잘 이해하고 너그러이 헤아려 주었으면 합니다. 이런 여담은 그 형태와 내용 면에서 공식적인 교의학 강의의 양식 및 내용과는 확연히 구별되기 때문입니다. 강의는 그 본질상 엄격한 방법과 적절한 '안전장치'를 포기할 수 없지만, 이런 수다는 반드시 경계를 풀고 솔직담백하게 해야만 한다는 점을 유념하십시오.

나는 종종 내 청중을 학생이자 나를 믿고 보살핌을 의뢰한 영혼들로 보며, 이런 사실을 내 청중도 볼 수 있고 들을 수 있게 해야 한다고 믿습니다. 그런데 이 신학생의 영혼이 아주 위태롭습니다. 오늘만 위태로운 것은 아니겠으나 오늘날 특히 위태로운 듯합니다. 아래에서는 이에 대해 이야기해 보겠습니다.

어쩌면 현장에 있는 목사는 이런 성찰을 통해 기억을 되살릴 수도 있으며(분명 그럴 것입니다!), 절박한 곤경에 빠진 그의 신학적 실존도 이런 성찰을 통해 조언을 얻을 수 있을 것입니다. 나도 어찌하든 내가 처한 신학적 곤경을 다루고자 했기 때문입니다. 신학 교수의 시선으로 볼 때, 현장에 있는 동료들은 아마도 이 글에서 그의 교회 공동체에 있는 신학생이나 미숙한 부목사가 보여 주는 의아한 행태에 대한 설명 또는 해명을 찾을 수 있을 것입니다. 따라서 그는 앞으로 다룰 내용들을 오늘 우리 신학 강의실에서 일어나는 일에 대한 짧은 보고서로서 이해할 수 있을 것입니다. 그러나 아마 여기서 말하는 많은 내용이 그 자신에게도 적용될 것이며 그의 서재 안까지 돌진해 들어갈 것입니다.

우리가 자주 듣고 수없이 하는 말입니다만, 신학은 실존을 다뤄야 합니다. 이는 삼척동자도 아는 진리입니다. 그렇기 때문에 우리는 저 신학 연구 속에서 일어나는 일이 과연 우리 그리스도인의 실존과 어떤 관련이 있는지, 신학 연구가 마치 환자의 고통은 생각하지도 않는 미숙한 치료처럼 이루어지는 와중에도 우리의 실존은 어떻게 이어지는지, 이어질 뿐 아니라 어떻게 하면 더 깊어지고 풍성해지며 열매를 맺을 수 있을지 깊이 생각해 보는 일부터 시작하는 것이 지극히 당연합니다.

부디 이 작은 책을 조그마한 영성 연습서로 이해해 주십시오. 나는 이 책으로 본격적인 신학 강의의 서두를 열고 싶습니다. 우리의 신학 연구에서 이 책이 차지하는 자리는, 안셀무스(Anselm)가 그의 『프로슬로기온』(*Proslogion*, 한들출판사)에서 깊은 사색을 펼치기에 앞서 제시한 영적 묵상 및 기도의 자리와 전적으로 비슷합니다.

2장 평범한 그리스도인이 신학에 대해 느끼는 불안

일찍이 루돌프 오토(Rudolf Otto)는 신성(the Holy)이 매혹적인 동시에 두려운 것(*numen fascinosum*이자 *numen tremendum*)이라고 말했습니다만, 신학을 두고도 얼추 비슷한 말을 할 수 있을 것입니다. 우선, 많은 이들에게 신학은 두려운 것입니다.

실제 교회 공동체의 평범한 그리스도인(영적 영역에서 소위 '일반인'에 해당하는 표현)도 여러 이유에서 신학을 두려워합니다. 신학생이라면 어느 독실한 영혼에게서 다음과 같은 진지하고 단호한 경고를 받아 보지 않은 이가 하나도 없을 것입니다. 성경에 학문적 접근 방식을 적용한다는 미심쩍은 시도를 주의해라, '의심이 드는 문제'를 모조리 파헤치려고 하지 마라, 믿음 없는 교수의 탐욕스러운 문어발에 붙들려서는 안 된다 같은 경고 말입니다. 나는 여기서 다만 여러분의 기억에 호소

해야겠습니다. 이런 경고의 밑바탕에는, 이 땅에서 우리를 영원히 괴롭히는 이 고요한 불안의 밑바탕에는 무엇이 자리해 있을까요?

평범한 그리스도인은 하나님의 말씀에 다가갈 때 인간 지성을 의지하지도, 세상 지혜를 자랑하지도 않는 가장 단순한 믿음 외에 다른 차원의 접근이 왜 필요한지, 다시 말해 믿음 '에 더하여' 다른 특별한 무기가 왜 필요한지와 같은 질문 속으로 들어가기를 바라지 않습니다. 이 질문을 받는 학생은 신학 과정의 초기일수록 이런 순진한 항변을 비웃기 쉽고, 자신은 식자(識者)들로 이루어진 비밀 집단에 속해 있다고 자부할 가능성이 큽니다. 그래서 평범한 그리스도인들은 이런저런 것, 이를테면 역사비평을 통한 성경 연구 같은 문제를 이해하지 못할 것이고 그들에게 그것을 설명할 수도 없을 것이라고까지 느낄 수 있습니다. 하지만 신학자가 평범한 세탁부와 단순한 시급(時給) 노동자의 이런 항변을 더 이상 진지하게 받아들이지 않는다면, 그러면서 (표현은 하지 않겠지만) 영적 프롤레타리아는 이런 민감한 문제를 감당하지 못하니 자신은 식자들의 집단에 속한 사람답게 그들과 관계를 끊어야 한다고 생각한다면, 그 신학은 분명 뭔가 잘못된 것입니다.

요컨대 소위 평범한 신자들이 신학에 어떤 회의를 품는다면, 이 회의는 결코 순진한 것이 아닙니다. 그 회의는 분명 경험과 원리에 논거를 두고 있습니다. 신학자인 우리는 모두 이 문제를 마주하고 있으며(그 이유는 우리가 올바른 신학자가 되려 하는 한, 하나님 백성의 공동체 안에서, 그 공동체를 위하여, 그 공동체의 이름으로, 아니, 그 공동체의 한 부분으로서 생각하기 때문입니다), 그리고 바로 이 공동체가 우리 영혼의 건강을 염려해 주고 있고 그 염려가 아주 정당하기 때문에, 나는 이 문제를 간단히 검토해 보고 싶습니다.

3장   신학생의 귀향 때 생기는 안 좋은 경험

나는 교회 공동체의 단순한 사람들이 경험과 원리에 근거한 논증을 사용할 수 있다고 언급했습니다. 우선 '경험'에 근거한 논증부터 살펴보겠습니다.

여러분에게 이런 종류의 고찰을 깊이 각인시키기 위해 나는 마음을 단단히 먹고 여러분 모두에게 낯설지 않을 한 사건을 그려 보이려고 합니다. 이 사건은 다양한 형태로 나타나지만 슬플 정도로 단조롭게 되풀이됩니다. 여기서 말하는 사건은 특별히 에센(Essen)에서 청소년을 담당하고 있는 유능한 목사 빌헬름 부쉬(Wilhelm Busch)가 특유의 뼈아픈 유머를 사용하여 내게 일러 준 것입니다.

한 젊은이가 있습니다. 생기 있고 적극적이며 그가 속한 공동체의 청소년 활동에서 친구들과도 사이가 좋은 젊은이입니다. 그는 예수 그리스도를 만났고, 이제 그분의 증인이 되어야 합니다. 그래서 그는 이미 때때로 기도회를 인도하지만 이 기도회를 위해서 주석을 연구하지는 않습니다. 물론 그런 일에 도움이 되는 인쇄 자료는 꼼꼼히 살펴봅니다. 아마 담당 목사에게 한두 가지 질문도 할 것입니다. 그 외에는 자신이 모든 것을 바로 이해하고 허튼소리는 하지 않도록 지켜 달라고 하나님께 기도할 뿐입니다.

생생하게 살아 있는 신앙에서 나온 것은 무엇이든 생생하게 살아 있습니다. 그래서 젊은이들이 감명을 받는 것입니다. 더구나 그 젊은 리더는 자신이 할 신학 공부를 기대합니다. 그 신학 공부가 자신을 성경 속으로 더 깊이 안내하고, 지금은 분명히 알지 못하는 많은 것을 명쾌하게 설명해 주리라는 소망을 품고 있기 때문입니다. 그는 자신이 사랑하는 일을 주업(主業)으로 삼을 수 있는 이 소명을 향해 나아가길 기뻐합니다. 자신의 마음을 사로잡은 일을 하며 살 수 있다면 기뻐하지 않을 이가 어디 있겠습니까!

이러했던 그가 신학 수업 첫 학기를 마치고 고향으로 돌아왔습니다. 그런데 오랜 친구들이 보기에 그는 깜짝 놀랄 정도로 변해 있었습니다. 그의 친구인 젊은 직공이 지극히 수준이 낮은(비전문가 수준의) 성경공부를 하면, 그 옆에서 입꼬리를 끌어내린 채 앉아 있습니다. 그런 뒤 둘이 함께 집에 돌아가는 길에 이 신학생은 마치 새로 알게 된 소문을 옮기고 싶어 더 이상 참기 어려운 수다쟁이처럼 신화와 전설과 양식사를 다룬 '최신 연구'의 내용을 친구에게 설명해 줍니다.

이 신학생은 상대방이 순간의 공포를 극복하기도 전에, 자신이 학교 강의실 앞에서 주워 들은 영적 유형 속에 그를 분류하여 넣습니다. 그러면서 못 배운 그 친구에게 이렇게 말합니다. "네가 말한 것은 '전형적인 경건주의'나 '전형적인 정통주의', 아니면 '감리교 신자'가 하는 말이야." 또 이렇게 말합니다. "너는 오시안더(Osiander) 같은 유형이구나. 오시안더 학파는 칭의론의 법정(法廷)적 성격을 미처 파악하지 못했지." 그러고는 학문 연구로 얻은 미심쩍은 부산물, 즉 무슨 말인지 알아들을 수 없는 유식한 말들을 그 친구에게 생색내며 설명해 줍니다.

그 신학생이 세 번째 학기를 마치고 고향에 돌아오자 사람들은 그에게 직접 성경공부를 맡아 달라고 요청합니다. 물론 젊은 직공이 심히 유식한 신학생 친구 앞에서 자신의 순진한 성경 해석을 한 번 더 발표하게 될까 봐 난처해하는 줄은 모르고서 말입니다. 당연한 일입니다만, 합창단의 단원 하나가 음악 학교에 가서 테너로 훈련을 받고 처음으로 고향을 방문하여 노래한다 하면, 그가 어떻게 노래할지 모든 합창단이 극도로 관심을 갖고 지켜봅니다. 실망은 끝이 없을 때가 허다합니다. 이 젊은 성악가는 안면 근육을 한껏 일그러뜨리고 땀날 정도로 큰 몸짓을 아낌없이 구사하면서, 이전에 자신이 고향이라는 울타리 안에서 그리고 그 지역 합창단에서 단역(端役)으로 노래할 때보다 훨씬 더 개탄스러운 음색을 만들어 냅니다.

인물만 바꿔 넣으면 이야말로 딱 저 신학생의 모습입니다. 그는 온갖 해석학 도구를 아낌없이 활용하고 어떤 분야에 정통한 사람이라는 분위기를 온몸에서 풍기면서, 사람들을 마비시키고 사람들이 달가워하지도 않는 세세한 사항들을 제시합니다. 이 때문에 생생한 젊은 그리스도인의 내면 근육조직은 추상적 관념의 탱크에 깔려 끔찍하게 압살당하고 맙니다. 성경공부 후에 이어진 토론 시간에 뭔가 있지 않을까 기대했을지 모르지만, 여기에서도 그 신학생은 생생하게 살아 있고 자유로우며 편안한 모든 대화에 관념이라는 마비 주사를 찔러 넣는 경악스러운 재능을 펼쳐 보입니다.

이러한 경험 때문에 많은 교회가 대학교에서 가르치는 신학을 긍정적으로 받아들이기 어려워한다면 이는 당연한 일입니다.

4장 　　　 신학적 변성기

내가 간결하게나마 예화를 근거로 들면서 깊은 애정을 담아 독한 말을 했음은 인정합니다만, 그렇다고 여기서 내가 단지 그 신학생을 비난하거나 우스운 사람으로 만들려고 그런 것은 결코 아닙니다. 여기서 이런 내용을 제시함은 두 가지 이유 때문입니다.

우선 이것이 성장의 아주 자연스러운 현상을 보여 주기 때문입니다. 신학적 사고는 어떤 열정처럼 사람을 사로잡을 수 있고, 마땅히 사로잡아야 합니다. 그러나 이런 열렬한 헌신이 있으면, 과도하게 모든 것을 자신이 활동하고 교류하는 영역에서 가져온 방식대로 생각하고 말하는 일이 함께 나타납니다.

신학에서 다루는 것은 오랜 숙고를 통하여 영적 체험들에

부여한 정리된 양식이라고 할 수 있습니다. 이것은 지난 수백 년 동안 특히 교회사의 거물들이 발전시켜 온 것입니다. 가령 스무 살 젊은이에게 삼위일체 문제를 깊이 생각해 보라고 가르친다 합시다. 이 문제는 지난 수백 년 동안 목숨을 건 처절한 싸움이 벌어졌던 문제요, 훌륭한 지도자들이 막대한 영적 노력을 기울였던 문제이며, 그 뒤편에는 아주 명확한 영적 체험들이 자리해 있는 문제입니다. 그러다 보니 비록 이 젊은이가 지적으로는 그 체계의 논리, 곧 교리사가 발전해 온 합법적이고 논리적인 진행 경과를 썩 잘 이해하고 있을지라도, 그의 영적 실존은 아직 이런 교리를 감당할 만큼 자라지 않았다는 것을 누구나 볼 수 있습니다. 그가 아는 것은 한때 영적이었던 것의 겉껍질에 불과합니다.

결국 이런 상황이 벌어지면, 어디서 어떻게 심각한 위기가 나타날 것인지는 자명합니다. **이 젊은이의 실제 영적 성장이 일어나는 무대와 그가 이 무대에 관해 이미 지적으로 알고 있는 것 사이에는 어떤 틈새가 존재합니다.** 말하자면 그는 시골 소년처럼 제 몸보다 큰 바지를 입고 있는 것입니다. 이 젊은이가 그 바지에 어울리는 몸이 되려면 아직도 더 자라야 합니다. 이는 마치 견신례를 받으려는 사람이 요리문답이라는 긴 바지를 입기 위해서는 아직도 더 자라야 하는 것과 같습니다.

그동안은 바지가 그의 몸에 헐렁헐렁하며, 물론 이 우스꽝스러운 모습이 좋아 보이지도 않습니다.

영적 차원에서, 어쩌면 이 젊은 신학생은 이미 많이 성장해서, 우리가 허구한 날 하나님의 명령을 거부한다 할지라도 용서받으리라는 확신을 품고 살면서 자유를 누려도 된다는 것을 어렴풋이 느끼기 시작하고, 기도하는 그리스도인으로서 그것을 경험으로 알아 가고 있는지도 모릅니다. 그러나 지적 차원에서 그는 이제 율법과 복음의 변증법에 대해, 그리고 루터가 말한 역설인 "의인이자 죄인"(simul justus et peccator)에 대해 깊이 파고들기 시작했습니다. 변증법과 역설은 법을 준수하는 교회의 사상이 무시무시한 저항들을 넘어서는 방식입니다. 이는 무수한 실패와 좌절들, 끝 모를 불안과 염려들, 그리고 경이로운 위로의 순간들이 낳은 결과입니다.

루터를 다룬 강의를 그대로 옮길 수 있는 사람이나 어쩌면 직접 그런 강의를 하는 자리에 있는 사람도 아마 이 모든 것을 전혀 모르거나 거의 모를 것이며 알 수도 없습니다. 군돌프(Friedrich Gundolf)는 괴테에 대한 그의 책에서 이런 경우들을 다루면서, 순전히 관념적인 경험에 관하여 이야기합니다. 어떤 진리는 원경험(직접 경험)으로서 '체득'하지 않고, 다른 사람(가령 루터)의 원경험이 발견한 것을 농축해 놓은 글이나 지적 담

보물을 '인식'하는 것으로 대체된다는 것입니다. 그 사람은 간접적으로 살아가는 것입니다.

그러나 다른 사람의 신앙이나 영성을 이렇게 인식하는 간접 경험도 아주 생생하고 심지어 강렬할 수 있기 때문에, 자칫하면 자신이 그 모든 것을 직접 경험하고 체득한 것 같은 자기 최면에 빠지기 쉽습니다. 그러면 그 사람은 자신과 다른 사람을 **동일시하는** 잘못에 빠지고 맙니다. 그러다가는 젊은 루터의 강력한 사상에 지적으로 완전히 홀린 나머지, 자신이 이런 방식으로 '이해'하고 깊은 감명을 받은 것이 참된 신앙이라고 착각하는 것도 가능합니다. 실제로는 그저 인식을 했을 뿐이요, 관념적 경험의 유혹에 희생당한 것입니다. 이 사람 자신의 실존이나 이 사람 자신의 신앙을 놓고 본다면, 이 젊은이는 그리 멀리 가지 못했습니다! 젊은 신학생들이 드러내는 거창한 지적 효과들은 실제로는 아무것도 아닙니다.

비유를 들어 말하자면, 신학 공부는 종종 덩치는 큰데 내장 기관은 그만큼 성숙하지 못한 젊은이를 생산해 내는 것입니다. 이것은 청소년기의 특징입니다. 실제로 신학 사춘기 같은 것이 존재합니다. 모든 교육자는 이것이 자연스러운 성장의 표지이며 전혀 긴장할 필요가 없다는 것을 알고 있습니다. 교회들도 이런 점을 이해해야 하며, 가능한 모든 방법으로 그들에게 설명해 주어야 합니다.

바로 이 단계에 있는 사람이 공동체 앞에 가르치는 자로 나선다면 그것은 분명 잘못입니다. 그가 청소년 활동을 할 때는 어떤 식으로든 순진한 열정을 가지고 공동체 앞에 설 수 있었을지 모르나 그는 이제 그 단계를 넘어섰습니다. 그리고 아직, 그의 머릿속에 지식의 형태로 들어 있고 깊은 사색을 통해 접근할 수 있는 그것을 자신의 삶 속에 흡수시켜 자신의 인격이 담긴 성성한 고백으로 풀어 낼 수 있게 해 줄 성숙함에는 이르지 못했습니다. 이 단계에서는 인내심을 갖고 기다릴 수 있어야 합니다. 앞에서 말한 여러 이유로, 나는 신학 공부를 시작한 지 얼마 안 된 신학생이 가운을 두르고 설교하는 것을 용납하지 않습니다. 그런 신학생은 침묵할 수 있어야 합니다. 변성기에는 노래하지 않습니다. 마찬가지로 신학생의 삶에 중요한 변화가 일어나는 이 시기에는 설교하지 않는 법입니다.

5장 신학 관념에 빠진 이들의 충격 요법

대학의 토론 모임에서 방금 우리가 한 이야기를 잘 보여 주는 사건을 목격한 사람이 적지 않습니다. 우리가 떠올리는 토론 모임이 벌어지는 대학교가 어디인지는 중요하지 않습니다. 괴팅겐이든, 하이델베르크든, 에를랑겐이든, 튀빙겐이든, 함부르크든 상관없습니다. 예를 들어, 한 의과 대학생이 성경공부 시간 후에 이어진 그런 토론 모임에서 반드시 제기하고픈 의문을 하나 품고 있습니다. 그 문제를 말로 옮기고픈 나머지, 흥분과 긴장으로 맥박이 빨라집니다. 그는 결국 쿵쿵 뛰는 심장을 부여잡고 자리에서 일어나, 질문을 던지면서 비판이 담긴 두어 가지 반대 의견을 스스럼없이 꺼내 놓습니다.

이제 젊은 신학 '전문가'들은 모두 자신이 호명된 듯한 느낌을 받습니다. 그들은 새어 나오는 승리의 포효를 굳게 다문 입술로 억누른 채, 창을 겨누고 말을 달려 그를 짓밟아 버립니다. 이 불쌍한 평신도의 무지한 귀에 전문 용어들이 마구 날아듭니다. '공관복음 전승', '해석학 원리', '실현된 종말론', '예언적 원근 통시법', '지금 여기', '영원', '적자와 서자', '선이해', '지향하는 대상' 같은 말들이 그에게 쏟아져 내립니다. 그 결과, 그는 황급히 몸을 숨길 곳을 찾아 한 손으로는 얼굴을 가리고 다른 한 손으로는 백기를 들어 올립니다.

그러자 사람들은 상대의 속수무책에서 비롯된 이 휴전을 자신들의 승리로 간주하고 자신들이 그 사람을 설복시켰다고 쉽게 생각해 버립니다. 그러나 사실 이 사람들은 그를 설득한 것이 아니라 단지 충격 요법(shock therapy) 같은 것을 실행했을 뿐입니다. 그러나 그것은 '요법'(치료법)도 아닙니다. 도리어 이들은 그 의과 대학생의 영적 삶에서 수줍게 던진 첫 질문과 이제 막 타오르기 시작한 작은 불꽃을 그들의 박식함을 자랑하는 포말 소화기로 진화해 버린 것입니다. 이런 행위들은 실제로 사람을 질식시키고 목을 조를 수 있습니다!

그 의과 대학생에게는 심각한 일이었습니다. 위태로운 처지에 있는 사람은 본능적으로 대단히 민감하게 반응합니다. 이런 본능에서 그는 꽤 맞는 말을 합니다. "내 운명과 내 삶이 걸려 있는데도, 그들은 늘 하던 습관대로 나에게 달려들었습니다. 그들에게서는 어떤 생명의 흔적이나 직접 체득한 진리를 찾을 수 없었습니다. 다만 온기 없는 관념의 사체가 풍기는 냄새만 맡았을 뿐입니다. 나는 차라리 덜 경직된 비그리스도인들에게 돌아가고 싶습니다. 그들은 내게 해 줄 말이 그리 많지 않으며 그나마도 틀렸을 수 있음을 인정하므로, 최소한 진실합니다. 나는 내면에 불을 간직한 그리스도인을 찾아보았습니다. 하지만 내가 발견한 것은 다 타고 남은 찌꺼기뿐이었습니다. 어쩌면 그 아래 불씨가 남아 있었을지도 모르지만, 나는 그렇게 숨은 불을 알아차릴 만큼 능숙하지 않습니다."

사랑하는 학생 여러분, 내가 이렇게 엄중하고 어쩌면 혹독한 표현일지 모르는 말을 하여 여러분을 마음 아프게 하고 있다는 것을 압니다. 하지만 무엇보다도 추상적 신학 개념을 자제하라는 나의 조언을 내가 얼마나 중요하게 여기는지에 대해 다소 극적으로 보여 주어야 했습니다. 오히려 신학부가 없는 대학과 대학교의 기독교 학생 모임이 종종 훨씬 더 생기 있고 훨씬 더 유연하다는 사실은 분명 우리에게 생각할 거리를 안겨 줍니다. 여러분이 충분히 잘 아시겠지만, 나는 대학교 신학부의 존재 가치가 의심스럽다는 이야기를 하는 것이 아니라 (오히려 내 확신은 그 반대입니다!) '신학 사춘기' 문제를 이야기하는 것입니다.

6장   신학적 허영심의 병리

우리가 여기서 다루는 것이 기본적으로는 세상에서 가장 당연한 일이라 굳이 더 흥분할 이유가 없습니다. 그러나 다른 각도에서 보면, 첫 학기를 마치고 고향에 돌아온 신학생과 관련하여 처음에 서술한 장면에서 실제 질병의 몇 가지 증상이 나타나는 것일 수도 있습니다. 신학이 신학생을 허영심에 빠지게 만들어서 영지주의자의 오만 같은 것을 그 신학생 안에 불러일으키는 일은 가능하며, 평신도들은 이를 아주 정확하게 간파합니다. 이런 일이 발생하는 주된 원인은 무엇보다도 우리 사람들 안에서 진리와 사랑이 하나로 통합되는 일이 거의 없기 때문입니다.

그 이유 역시 정확하게 말할 수 있습니다. 진리가 우리를 가진 자의 기쁨 같은 것으로 손쉽게 유혹하기 때문입니다.

"나는 이런저런 것을 속속들이 살펴봤고 배웠고 이해했어. 아는 게 힘이지. 그러니 내가 이런저런 것을 모르는 다른 이들보다 나아. 내겐 더 큰 능력이 있고 그만큼 시련도 더 크지." 진리를 다루는 이는 누구나(물론 우리 신학자들도 분명 그렇습니다) 가진 자의 심리에 아주 쉽게 빠져듭니다. 그러나 사랑은 소유하려는 의지의 반대말입니다. 사랑은 자신을 내어 주는 헌신(self-giving)입니다. 사랑은 자만하지 않고 겸비합니다.

그 신학생의 경우에도 가진 자의 기쁨이 사랑을 죽일 수 있다는 것은 몹시 무시무시한 일입니다. 그것이 무시무시한 이유는 신학이 말하는 진리가 바로 하나님의 사랑, 하나님의 낮아지심, 하나님의 찾으심, 뭇 영혼들을 향한 하나님의 관심을 다루기 때문입니다. 그래서 신학자, 특히 신학 공부를 시작한 지 얼마 안 된 신학생은 소름 끼치는 자기모순에 빠집니다. 그는 기독론을 연구합니다. 이는 곧 그가 '죄인의 구주요 길을 잃고 타락한 이들의 형제인 분'에게 몰두하고 있다는 뜻입니다. 그와 관련하여 그는 가령 칼케돈 신조를 공부하고 공관복음 양식사를 공부합니다. 이 진리를 갖게 된 그는, 단순한 그리스도인으로서 그 죄인의 구주이신 분께 기도하고 그분이 행하셨다는 모든 이적(십중팔구 전설에 불과한)을 철석같이 믿는 사람들을 (물론 가장 절묘한 방식으로) 경멸합니다.

그는 다른 사람과 자신의 관계를 곱씹어 보다가, 그리스도와 친밀한 관계를 맺고 있음을 내세워 역사적 예수나 비신화화나 구원 사건의 객관화 가능성 같은 문제를 완전히 무시하는 사람들보다 자신이 우위에 있다고 느낍니다.

이런 경멸은 실제 **영적 질병**입니다. 그것은 진리와 사랑의 갈등 속에 존재합니다. 이 갈등이 바로 '신학생 병'입니다. 이 병은 소아기 질병이 그렇듯 종종 특히 심하게 발병합니다. 그러나 안수받은 목사도 이 질병에 걸릴 수 있으며 그 경우에도 그 해악은 덜하지 않습니다.

몇 년 전입니다. 튀빙겐 대학교에 다니던 한 학생이 자신의 하숙집 주인과 불트만에 대해 환담을 나누었습니다. 하숙집 주인은 존경받을 만하고 기초가 건실한 슈바벤 출신 경건주의자였습니다. 당연히 이해할 수 있는 일입니다만, 이 경건주의자는 떠도는 소문에 휘둘려 불트만 안에서 악의 화신을 보았습니다. 마침 이 학생이 소위 '불트만빠'라 불리는 사람이었습니다. 그러나 덧붙여 말하면, 칼 바르트(Karl Barth)와 리츨(Ritschl)이 그들을 따르는 '빠' 때문에 그랬던 것처럼, 이 스승(불트만)도 이런 유형 때문에 십중팔구는 불행했을 것입니다. 그 대화에서 순수한 기사도가 끓어올라 이 학생이 분노와 열의를 품고 끔찍한 오해를 받고 있는 스승을 변호하는 일은 분명 일어나지 않았습니다. 도리어 나타난 것은 바리새인이 느낄 법한 승리감이었습니다. 이 학생은 헬라어를 잘 모르는 사람의 손에 붉은색 푸른색으로 밑줄이 그어진, 마르부르크 학자(불트만)의 『신약 성서 신학』(*Theology of the New Testament*, 성광문화사)을 쥐어 주며 그런 승리감을 느꼈습니다.

이 학생의 목표는 누가 봐도 분명했습니다. 자신이 그 사람은 도저히 다다를 수 없는 압도적인 박식함을 지닌 대단한 사람이라는 인상을 심어 줌으로써 상대를 제압하고 결국 그 사람 속에 어찌해 볼 도리가 없다는 마음을 불러일으키는 것, 그것이 바로 그의 목표였습니다. 경건주의자 집주인이 느낀 지적 무력감은, 동시에 그가 붉고 푸른 밑줄까지 그어진 것을 보고 더욱 심각하게 여길 수밖에 없었던 이단에 대한 흥분과 결합하여, 이 학생 속에 의심의 여지 없이 아주 악한 희열을 불러일으켰습니다. 그리고 이 경건주의자에게는 분노를 일으켰습니다.

좋다고 할 수 없는 이 학생의 즐거움이 기독교가 말하는 이웃 사랑과 조금이라도 관계가 있다고 주장할 사람은 정녕 아무도 없을 것입니다. 그의 행동은 이웃 사랑의 비신화화 형태도 아니었습니다. 그가 이런 행동을 한 의도는 다른 이에게 우리 신학자들이 해결하고자 붙잡고 씨름하는 것을 이해시켜

주거나, 그 다른 이가 그때까지 머물던 인식 수준을 넘어서게 끔 조심스럽게 이끌어 주려는 것이 아니라, 도리어 그의 교양 수준으로는 그에게 제공된 문헌을 감당할 수 없을 사람을 꼼짝 못하게 만들고, 역사비평을 통한 성경 연구에 대하여 십중팔구는 아주 단순했을 그의 항변을 아주 무겁고 사람을 위압하는 논증의 이불로 덮어씌워 질식시켜 버리는 것이었습니다.

여기서 진리는 개인이 승리를 거두는 수단이자 다른 이를 죽이는 수단으로 사용되며, 사랑과는 극명한 대조를 이룹니다. 이러한 진리가 몇 년 뒤에 만들어 내는 것은 자신이 섬기는 공동체를 가르쳐 세우기 위하여가 아니라 파괴하기 위하여 일하는 부류의 목회자입니다. 그러다 장로들과 공동체와 청소년들이 신음하기 시작하고 이들이 교회 당국에 항의를 하며 결국 예배에 나오지 않게 되어도, 이 젊은이는 조금도 들어 보려 하기는커녕 여전히 바리새인처럼 굽니다.

도리어 그는 승리자 같은 표정으로 텅 빈 장의자들을 둘러보며 자신에게 이렇게 말합니다. "내 사랑하는 영혼이여, 이제 평안히 쉬라. 네가 네 진리로 정당한 분노를 일으켰으니, 네 의로움이 확증되었다고 봐도 되느니라." 또는 이렇게 말할지도 모릅니다. "하나님, 제가 이 도시민 절반이 추종하는 저 동료 성직자처럼 선동가가 아니요 귀 가려운 것이나 긁어 주는 아첨꾼이 아님을 당신께 감사하나이다. 이 텅 빈 장의자들이 저의 옳음을 증언하나이다."

변함없는 성실함으로 돌밭에서 악착같이 일하는 현장의 목사 형제들은 내 마지막 발언을 틀림없이 너그럽게 용서해 줄 것입니다. 나는 그 형제들을 염두에 두고 이런 말을 하지 않았으며, 실제로 그들은 다른 부류의 사람들입니다. 어린 아기들이 하나님을 찬미할 수 있는 것처럼, 텅 빈 장의자들도 말씀 전하는 자의 성실함을 증언할 수 있습니다. 그러나 분노를 자아내는 궤변가들의 경우와는 매우 다른 방식으로 증언합니다.

7장   믿음의 동맹자인 세상 지혜

평범한 그리스도인들이 신학에 맞서 제시하는 항변은 또 다른 관점에서 진지하게 받아들여져야 합니다. 방금까지는 경험에 근거한 논증을 살펴봤습니다만, 거기에 더하여 '원리'에 근거한 회의도 있습니다. 이런 회의를 품는 사람들의 주장은 다음과 같습니다.

믿음 외에, 믿음을 떠받치기 위하여 특별한 지식이 필요한 이유가 무엇인가? 비평을 통해 성경 안으로 뚫고 들어가는 도움을 받아야만 믿음의 기반이 되는 화강암같이 단단한 기초를 찾아낼 수 있다고 생각하는 것은 오만이 아닌가? 그것은 곧 세상 지혜를 하나님 말씀의 교사로 삼겠다는 말 아닌가? 물론 이는 신학에 반대하는 이런 항변을 상당히 소박하게 표현한 것입니다. 하지만 그런 이유로 우리가 그 속에 숨은 진정

한 질문을 발견하는 것이 방해받아서는 안 됩니다. 이런 질문은 우리가 경각심을 가지고 우리 자신을 비판적으로 성찰하게 도와주어야 합니다.

믿음을 학문으로 밑받침해야 할 이유가 대체 무엇이냐고 묻는다면, 사실 이 질문은 우리가 신학 공부에 천착하는 목적을 놓치는 것일지도 모릅니다. 대체로 우리는 믿음을 신학으로 보강하기를 결코 원하지 않습니다. 그러나 우리는 '독실한 신자들'의 그런 항변 뒤에 무엇이 있는지를 깊이 생각해 봅니다.

그들이 염려하는 것은 '오직 믿음'(sola fide)과 '오직 성경'(sola scriptura)의 의도와 다르지 않으며, 바로 그런 의도입니다. 이런 항변을 하는 이들은 신학이 지식이라는 협력자를 끌어들여 믿음이라는 대담한 모험을 가볍고 편한 일로 만들려 하는 것은 아닌지 의심합니다. 그들은 이해 가능성(intelligibility)이나 합리성(reasonableness) 같은 인간의 판단 기준을 적용함으로써 '오직 성경'이 약화되고, 성경을 연구하는 데 세상 지혜가 주된 판단 기준으로 우선시된다고 느낍니다. 여기에는 분명 계몽주의 신학의 모습을 연상시키는 무언가가 작용하고 있는 것 같습니다. 우리는 계몽주의 신학의 모습을 대부분 극복했습니다만, 순박한 이들을 웃음거리로 만들려 했던 계몽주의의 부끄러운 경향은 세 번째와 네 번째 세대까지 그리고 그보다 오랜 시간이 지나도록 여전히 영향을 미치고 있습니다.

반면, 신학에 몸담은 이라면 누구나 비판을 담은 이런 질문이 어떠한 절대적 의미에서도 결코 시대에 뒤떨어지지 않았음을 압니다. 더구나 우리 자신도 예리하고 단호한 태도로 우리의 현대 신학자들 가운데 나타나는 여러 모습들에 이 질문을 적용해야 합니다. 예를 들어 오늘날 신약신학이라는 마당에서 유행하고 있는 해석학 원리들은 그 이마에 세상 지혜가 남긴 이러한 표(스티그마)를 아주 또렷하게 보여 줍니다.

더 나아가, 우리가 아주 순진하게 표현된 저런 의심—말하자면 어떤 반론도 허용하지 않는 마지막 기초까지 성경 비평의 도움으로 철저히 분석될 것이며, 그러므로 하나님 말씀에서 믿을 만한 가치가 있고 역사 속에 탄탄한 근거가 있거나 반석처럼 단단한 복음(케리그마)을 담은 바닥층을 찾아내야만 한다는 의심—에 귀 기울인다면 그 속에서 마르틴 켈러(Martin Kähler)가 소위 '비평에 입각한 공제 사례'[1]에 맞서 훨

---

[1] 성경 본문이 말하는 내용 가운데 인간 이성과 자연법칙에 비춰 말이 되지 않거나 설명할 수 없는 것은 믿을 수 없는 허구나 신화로 여겨 배제하는 것을 말한다. 계몽주의와 그 영향을 받은 후대 비평학의 특징이었다.

씬 더 많은 근거를 토대로 훨씬 더 학문적인 논증을 사용하여 설득력 있게 제시한 바를 들을 수 없을까요? 켈러는 그의 유명한 저서 『소위 역사적 예수와 역사적 성경적 그리스도』 (*Der sogenannte historische Jesus und der geschichtliche biblische Christus*)에서 다음 두 가지에 주목할 것을 요구합니다.

첫째, 믿음이 아무 조건이 붙지 않은 믿음으로서 의미를 가지는 이유는 오직 그 믿음이 우리의 영원한 운명과 관련이 있기 때문입니다. 따라서 이런 믿음은 역사 연구와 학문 유행이 쏟아 내는 변화무쌍한 결과들에 의존할 수도 없고 이런 결과들에 좌지우지될 수도 없습니다. 둘째, 켈러는 예수 그리스도의 인격이 그분이 하신 사역과, 다시 말해 성령의 역사를 통해 교회의 기초가 된 설교와 분리될 수 없다는 것을 우리에게 보여 줍니다. 그러므로 복음서 본문을 믿음에 대한 증언으로 인정하지 않고 흥미를 불러일으키는 전기 기록이자 역사 기록으로 이해한다면 복음서 본문의 근본 의도를 오해하는 것입니다.

모든 연구 방법은 그 연구 대상이 규정합니다. 마찬가지로 신학의 '대상'이신 예수 그리스도도, 우리가 그분을 그분이 일하시는 평면 위에서, 다시 말해 그리스도인 공동체 안에서 만날 준비가 되었을 때에야 비로소 제대로 겨냥하게 된다는 것을 진지하게 생각해야 합니다. 아들(the Son)만이 아버지(the Father)가 누구인지 알며, 종만이 주인이 누구인지 압니다. 우리가 켈러에 대한 이런저런 비판을 언급할 수도 있겠습니다만, 여기서 켈러는 믿음을 배제하고 구축해 낸 역사가 믿음의 토대일 수는 없다는 것을, 따라서 어떤 경우에도 학문의 협력 같은 것이 믿음의 지지물이나 믿음의 면죄부로서 존재하기는 불가능할 뿐 아니라, 도리어 신학에 들이는 모든 수고가 믿음 행위 자체에 포함된다는 것을 설득력 있게 천명합니다.

8장　　하나님 자녀의 본능

이를 달리 표현하면 이렇게 말할 수 있습니다. "신학은 결코 설교에 '근거를 제공하는' 바탕에 그칠 수 없고, 오히려 설교와 동일한 시선(사유 방향)을 가진다." 신학 역시 그 나름대로 증언입니다. 다만 방법이 다르고 수단이 다를 뿐입니다. 신학이 자신을 '깊이 성찰한 형태의 증언'으로 이해할 때에만 신학은 그 대상에 적합한 것이 되며, 완전한 의미의 객관성을 갖게 되고, 이를 통해 신학의 학문성이(신학이 학문임이) 분명하게 드러납니다. 신학의 학문성은 '믿음에 의지하지 않는' 연구 영역 몇 장(章)을 신학 연구 속에 포함시키려는 명예욕으로는 얻어지지 않습니다. 어떤 경우이든 이 사실은 교의학에 확실히 들어맞는 말입니다. (그럼에도 개개 경우에서 이 사실을 보여 주고 그 근거를 상세히 제시하는 것이 교의학 연구의 과제입니다.)

이 모든 것에 덧붙여 나는, 비록 교회 공동체가 우리가 하는 연구를 상세히 이해하지 않고 또 이해하지 못한다 하더라도, 그들은 우리에게 질문할 우선권을 갖는다고 말하고 싶습니다. 그것은 우리가 그 공동체의 지체라는 사실만큼이나 분명하게, 우리가 바로 그 공동체 가운데서 우리의 신학 연구를 수행하기 때문입니다. 따라서 이런 질문은, 우리가 품고 있는 특정 신학 관심사에 비춰 부족하고 흠이 있을지라도, 상당히 적절하며 우리가 언제나 통과해야 하는 불을 만들어 냅니다. 궁극적으로 이런 질문은 우리의 신학 성찰 **뒤편**에 자리한 우리의 그리스도인 된 실존을 언제나 마음에 담고 있습니다. **따라서 이런 질문은 우리 믿음이 건강한지를 묻는 질문입니다. 공동체는 우리 영혼의 목회자입니다.**

둘째, 그런 이유 때문에 우리는 이런 질문을 진지하게 받아들여야 하며, '세부 내용상의 잘못'을 이유로 질문 자체를 파기해 버려서는 안 됩니다. 예를 들어 내 경우를 보면 비신화화에 관해 묻는 편지를 산더미같이 받았습니다. 그 서신 가운데는 터무니없을 정도로 문제가 무엇인지 모르는 것도 일부 있었으며, 가끔은 그리스도인 중에서도 그런 형태의 무지와 결합하곤 하는 오만한 자부심에 취해 있는 서신도 적지 않았습니다. 그럼에도 불구하고, 나는 **하나님 자녀의 영적 본능이**

라 부르고 싶은 것을 거기서 느낄 수 있었습니다.

나는 언제나, 이런 본능을 업신여겨서는 안 되며 이런 본능 앞에서 내 책임을 회피할 수 없다는 것을 인식하고 있습니다. 나는 여러분에게 부탁하고 싶습니다. 어쩌면 여러분은 이 강의에서 신학적으로 배울 수 있는 것이 있을 겁니다. 그렇게 배운 모든 것과 나란히 이 본능을 두고, 평범한 하나님의 자녀들과 (신학적 대화를 포함하여) 살아 있는 대화를 이어 나가기를 바랍니다. '이 사람들에게 그런 동등한 대화를 기대할 수 없다'는 식의 불성실한 주장을 내세워 신비한 침묵을 지키는 태도는 지극히 작은 자를 분노케 할 수 있습니다. 예수님은 그런 일을 일러 주시고자 엄중한 경고를 담은 연자맷돌 비유를 만드신 것입니다.

9장 교의학이라는 근사한 예술

 신자들에게 신학은 언제나 두려운 것으로만 여겨집니다. 그러나 신학은 두려운 것인 동시에 매혹적인 대상이기도 합니다. 언젠가 한 유명한 신학자는 교의학이 높고 가파른 예술이라고 말했습니다. 교의학이 그런 예술인 이유는 우선 교의학의 목적 때문입니다. 교의학은 마지막 때 일어날 일들을 깊이 생각하고, 시간에 종속된 우리 운명과 시간을 초월하여 영원한 우리 운명에 관한 진리가 어디에 자리해 있는지 묻기 때문입니다. 이 질문이 그리는 호(弧)는 세계가 창조되던 아침에서 세계가 마지막 심판을 맞이할 저녁까지 닿아 있으며, 지극히 작게는 일용할 양식을 구하는 기도에서 지극히 크게는 하나님 나라가 임하기를 비는 기도까지 미칩니다.

 그러나 교의학이 높고 가파른 예술인 이유는 그 소재 때문이기도 합니다. 교의학은 학문적·영적 차원에서 성경 본문을 파고드는 연구 작업을 전제합니다. 교의학은 2천 년 이상 이어져 온 교회의 사상을 곰곰이 숙고하며, 철학과 예술을 받아들이려 애쓰기도 합니다. 교의학은 시대가 안고 있는 여러 문제를 곱씹을 뿐 아니라, 자신이 지금 탐구해야 하는 인간이 누구이며 이 인간이 머물고 있는 나락이 무엇인지 탐색합니다. 올바른 교의학이라면, 그리하여 종교개혁 시대와 정통 시대의 텍스트를 반복 재생하기만 하는 교의학이 아니라면, 인간을 다루지 않는 그 어떤 것도 낯설게 여깁니다. 따라서 살아 있는 교의학은 자신이 다루는 문제들을 마치 단성 생식 생물처럼 그 자신에게서 거듭거듭 끄집어내는 것이 아니라, 언제나 그것을 품고 시대가 던지는 물음을 통해 생산적인 자극을 얻습니다. 살아 있는 교의학은 생생한 긴장 가운데 존재합니다.•

그뿐 아니라, 교의학은 **체계를 세우려는** 학문 분야입니다. 즉 교의학은 계시 전체를 포괄하여 다루려 하며, 계시의 세부 내용들을 전체 계시 속에서 각각 어울리는 위치에 배정하려 합니다. 그러므로 말하자면 교의학은 전적으로 반(反)분파주

• 저자가 쓴 책 『논박의 신학』(*Theologie der Anfechtung*, Tübingen, 1949)에 들어 있는 한 장 "교의학은 무엇이며 무슨 목적으로 공부하는가?"를 참고하라.

의적입니다. 분파주의와 이단의 확실한 표지는 유기체를 이루고 있는 교의 전체에서 한 가닥만 뽑아내 이를 절대시하는 것으로, 이러한 행태는 상피병(象皮病)을 일으켜 그 유기체의 형체를 일그러뜨리고 종국에는 그 유기체를 파괴합니다.

이렇게 체계를 세우려는 목적이 있다 보니, 교의학은 어떤 건축 문화 같은 것을 가집니다. 교의학이 세우는 건축물은, 그 구조가 반드시 설득력이 있어야 하고, 건설 과정에서의 논리를 드러내 보이며, 문화적인 것을 조금이나마 느낄 만한 사람이라면 누구나 고상한 심미적 자극을 받을 요소를 갖추고 있습니다. 내 경우에는, 세로와 가로로 잘 연결되어 있고 비례와 대칭을 갖춘 구조물인 슐라이어마허(Schleiermacher)의 교의학 저서를 바라보면서도 심미적 전율 같은 것에 사로잡히지 않는 사람을 예술 문외한으로 여길 수밖에 없습니다.

그러나 내가 이렇게 교의학에 대해 찬미를 늘어놓는다면, 또 이렇게 교의학의 마술적 매력에 관하여 이야기하면서 열광에 빠질 위험을 무릅쓰려 한다면, 다시금 우리의 영적 실존을 캐묻는 중대한 질문이 일어납니다. 또 다른 측면에서 보면, 바로 이 매력이 앞에서 원경험과 관념적 경험이라는 표현으로 규정한 그 문제 앞에 우리를 다시 세워 놓기 때문입니다.

우리가 어떤 신학 사상―이를테면 루터의 노예 의지 사상이나 키르케고르의 역설과 간접 전달에 관한 가르침—에 압도되어 있는 동안, 우리는 단순히 우리를 깊은 생각에 잠기게 해 주는 믿음의 **외형**에 홀려 있을 뿐이라는 것을 아주 쉽게 잊어버립니다. 우리 자신이 사색의 이러한 외형에 동의하고 기꺼이 휩쓸릴 준비가 되어 있다는 것은, 우리가 그것을 이해하고 그것에 헌신한다 해도, 또 그것이 지적으로 복된 일이기는 해도, 그 자체로 우리가 근본적인 믿음에 이끌리고 있음을 의미하지는 않습니다.

아울러 원시 기독교의 풍광이, 그리고 이 풍광 위에 세계의 석양 곧 다가오는 세계의 심판이 드리우는 긴 그림자가 우리를 홀릴 수도 있습니다. 이 바람에 우리는 종말론에 취한 몽상가가 될 수 있고 묵시에 빠진 신경증 환자가 될 수도 있습니다. 사랑하는 학생 여러분, 지금은 이런 종류에 해당하는 예를 열거할 계제가 아니기에 예를 들지 못하지만, 실제로 그런 경우들이 있습니다. 그들은 그런 몽상가, 그런 환자이면서도 부활하신 주의 전장(戰場)인 이 현실에서, 초림과 재림 사이를, 기다리고 기도하는 그리스도인으로 살아간다는 것이 무슨 의미인지 전혀 이해하지 못합니다.

교의학 기초 수업을 받는 재능 있고 안목 있고 열정 넘치는 이들이, 믿음의 본질이 지니는 실질의 무게가 없는 사상의 마술적 매력을 쉽게 집어삼키는 바로 그들입니다. 신학생들의 토론이 나이 든 사람의 눈에 때때로 섬뜩하게 보이는 것은 이 때문입니다. 나이 든 사람은 그들의 토론을 보면서 마치 그 뒤에 실존하는 몸(생명)이 없는 그림자들이 서로 싸우는 것 같다는 인상을 받습니다.

10장   미학의 위험[1]

내가 과연 이런 말을 터놓고 분명하게 해야 할지 아니면 홀로 간직하는 것이 더 좋을지 깊이 생각해 보았습니다. 나는 유령들의 싸움에 끼어들어 그 거침없는 신선함을 빼앗고 싶지도 않고, 심미적·지적 열정과 하나님을 향한 지적 사랑을 통해 누리는 행복을 나이 든 사람의 낡은 상상력으로 대체하고 싶지도 않습니다. 아마 여러분도 내가 이런 일을 하리라고 짐작하지는 않을 겁니다. 이 지점에서 내가 하고 싶은 일은 단지 하나입니다. 즉 많은 신학 강의실에서 찾아볼 수 있는 신학적 탐미주의자의 지적 비대증이 (때로는 병이 낫는 과정에서 나는 유익한 열일 수도 있지만) 분명 실제 질병의 증상임을 드러내는 것

---

1   독어판 원서의 제목은 '껍데기 신학자'(Der Theologaster)다.

입니다.

내가 부탁하는 것은 단지 이것입니다. 여러분이 깊은 감명을 받은 모든 신학 사상을 반드시 여러분의 믿음에 대한 도전으로 여겨야 합니다. 여러분이 깊은 감명을 받은 신학과 여러분을 깨우쳐 준 지식을 그대로 믿는 것이 당연하다고 생각하지 마십시오. 그렇지 않으면 여러분이 더 이상 예수 그리스도를 믿는 것이 아니라 루터나 여러분의 이런저런 신학 스승을 믿는 일이 별안간 벌어지고 맙니다.

신학을 가르치는 사람으로서 가장 힘든 경험 가운데 하나는 이것입니다. 이단을 자극하는 방종한 신학만이 아니라 훌륭하고 품위 있는 신학도, 앞서 말한 여러 이유 때문에 우리 자신의 신앙생활을 위태롭게 한다는 점입니다. 정녕 우리의 믿음은 성찰이라는 통조림 캔이나 강의 노트라는 병에 담겨 언제라도 머릿속에서 재생할 수 있는 상품 이상의 것이어야 합니다.

이런 일이 벌어지면 완전히 새로운 사고방식이 우리 안으로 몰래 기어들어 옵니다. 그러면 우리는 더 이상 기도의 사람이 말하는 것처럼 "주 예수 그리스도시여, 당신은 이렇게 약속하셨습니다"라고 말하지 않고, "케리그마가 우리에게 이런저런 것을 밝히 일러 줍니다"라고 말합니다. 이런 변형이 우리 신학 작업의 연구 기술로 남아 있는 한, 우리는 위와 같은 일이 벌어져도 아무런 이의를 제기할 수 없습니다. 이런 기술에는 다만 실용적인 암호들과 사전에 약속된 학술 용어들이 필요할 뿐입니다. 말하자면 우리가 신학 연구를 하면서 늘 전례 언어로 말하는 일은 불가능합니다. 하지만 그러는 동안 이런 변형은 아주 많은 이들 속에서 훨씬 더 심각한 것이 되어 버리지 않았습니까? 즉 그들 믿음의 질병 징후가, 더 정확히 말하면, 그들의 믿음이 그 본질을 잃어버리는 일이 늘어나고 있습니다.

11장   **기도에서 시작하는 교의학**

신학을 공부하는 사람은, 더구나 교의학을 공부하는 사람은, 자신이 2인칭으로 생각하기보다 3인칭으로 생각하는 일이 점점 늘어나지는 않는지 똑바로 지켜봐야 할지도 모르겠습니다. 여러분은 내가 지금 하는 말이 무슨 뜻인지 압니다. 이렇게 사유의 차원이 한 차원에서 다른 차원으로 변화하고, 하나님과 나의 관계가 인격을 다 쏟는 친밀한 관계에서 그저 실속만 따지는 관계로 옮겨 가는 일이 벌어지는 것은, 내가 더 이상 성경 말씀을 내게 주어진 말씀으로 읽지 못하고 단지 힘써 주해해야 할 대상으로만 읽을 수 있게 되는 순간과 정확히 일치하곤 합니다. 이것은 가장 심각하고 가장 널리 퍼져 있는 목회자 질병의 초기 단계입니다. 목회자는 흔히 한 본문을 대할 때 마치 그에게 온 서신을 대하듯 열어 보기가 좀처럼 어려우며 "이 본문을 설교에 어떻게 활용할 수 있을까?"라는 질문에 눌린 채로 그 본문을 읽기 때문입니다.

나 자신도 현장 목회자였기 때문에, 이 말은 곧 내게 하는 말이기도 합니다. 우리는 안셀무스가 『프로슬로기온』을 기도로 시작하고 있으며, 하나님이 존재하신다는 것을 증명하는 그의 교의학은 기도하는 교의학이었다는 것을 기억했으면 합니다. 이 평범하지 않은 사실을 그저 신앙심을 북돋우는 머리말이요 남다른 신앙을 보여 주는 표지로 본다면 우리는 완전히 잘못 이해한 것입니다. 안셀무스는 이를 다름이 아니라 신학적으로 지극히 타당한 규범, 즉 신학 사상이라는 것은 오로지 하나님과 나누는 대화라는 공기 속에서만 숨을 쉴 수 있다는 규범을 표현한 것으로 봅니다.•

본질적으로, 신학 방법을 규정하는 것은 하나님이 말씀하셨음을 고려하느냐, 그리고 하나님이 말씀하신 것을 이해하고 그 말씀에 대답해야 하는 상황으로 고려하느냐 여부입니다. 그러나 이런 내용은 내가

(1) 말씀하신 바를 **나를** 향한 것으로 인식하고

(2) 그에 대한 답을 작성하는 일에 관여할 때

• 이 강의 자체는 말하자면, 안셀무스의 『프로슬로기온』을 상세히 다룬 장이다.

비로소 이해할 수 있습니다. 이런 대화에서만 적절한 신학 방법을 얻을 수 있습니다(갈 4:9). 우리는 인간이 처음으로 하나님을 3인칭으로 언급한 순간이, 다시 말해 더 이상 하나님'과' 이야기하지 않고 하나님'에 관하여' 이야기한 첫 순간이 "하나님이 정말 그런 말씀을 하셨다고?"(참고. 창 3:1)라는 질문이 울려 퍼졌던 순간임을 깊이 생각해 봅니다. 이 사실은 틀림없이 생각할 거리를 안겨 줍니다.

이에 반하여, 십자가에 못 박히신 예수님은 하나님께 버림받은 지독한 암흑 속에서도 인간에게 말씀하시지 않습니다. 그분은 자신을 버리신 이 하나님**에 관해** 탄식을 늘어놓으시지 않습니다. 도리어 그분은 바로 이 순간에 그 하나님**께** 2인칭으로 말을 건네십니다. 하나님을 **내 하나님**이라 부르시며, 자신의 비탄을 하나님의 말씀으로 표현합니다. 이럼으로써 말하자면 예수님과 하나님을 연결하는 회로가 완성됩니다. 대조를 이루는 이런 모습도 필시 우리에게 생각거리를 안겨 줍니다.

근래의 신학 역사를 살펴보면 이와 동일한 사건, 곧 2인칭에서 3인칭으로 넘어가는 사건을 종교사학파[1]라 불리는 현상

---

1 성경이 제시하는 역사와 기독교 역사를 종교 현상의 등장과 종교의 발전이라는 관점에서 설명하려 했던 학파다. 19세기와 20세기에 독일에서 특히 세력을 얻었는

에서 관찰할 수 있습니다. 비록 어떤 역사 서술에서도 이런 해석을 발견할 수 없지만 복음서 평준화와 상대화는 처음에는 잠복해 있던 아주 교묘한 영적 사건이 낳은 결과입니다. 즉 사람들이 하나님이 전해 주신 소식을 직접 받는 자의 역할을 중립적 관찰자의 역할로 바꿔 버리고, 이를 통해 실제로 2인칭에서 3인칭으로 옮겨 간 사건이 낳은 결과입니다.

나아가, 내 강의를 듣는 이들은 아시겠습니다만, 나는 신학적 성찰이 낳은 형상들(가령 관념론, 실존철학 등등과 만남)의 발전도 정당한 정신사에 속하는 것으로 제시해야 할 뿐 아니라, 신학적 성찰 역시 어떤 영적 결단을 반영한 표현(영적 결단의 침전물)으로 이해해야 한다는 것을 신학 역사를 서술하는 방법론의 한 가지 원리로 주장합니다. 그에 따라, 조심스럽지만 이런 정의를 내리고 싶습니다. "신학 역사는 그리스도인과 그리스도인이 내린 신앙 결단의 역사이며, 그 역사를 보여 주는 것은 그 결단의 결과로 발생한 성찰들의 형태다."

데, 율리우스 벨하우젠, 헤르만 궁켈, 빌헬름 부세트 같은 이가 여기에 속한다. 이들은 특히 기독교가 그리스 철학과 사상을 흡수함으로써 유대 민족의 틀을 벗어나 세계 종교로 발전해 갔다고 본다.

12장　　신성한 신학과 마귀의 신학

그러나 내가 방금 한 말이 옳다면, 다시 말해 신학 사상의 복과 화(禍)가 단언컨대 '2인칭'이라는 공기에 달려 있다면, 그리고 교의학이 본질상 기도에서 시작하는 교의학[빌헬름 슈텔린(Wilhelm Stählin)의 표현]이라는 사실에 달려 있다면, 그것은 당연히 우리 그리스도인의 실존에 제시하는 어떤 청구권을 재차 의미합니다. 영의 사람이길 포기하는 이는 저절로 거짓 신학을 하게 됩니다. 설령 그가 하는 신학이 속되지 않고 정통이며 진짜 루터교 신학일지라도, 그 항아리 속에는 죽음이 도사리고 있습니다.

신학은 그것을 입은 우리를 짓누르고 얼어붙게 만들어 죽음에 이르게 하는 얼음 갑옷이 될 수 있습니다. 또한 신학은 그리스도인 공동체의 양심이요, 이 공동체를 인도하는 나침

반이며, 이 모든 것과 함께 사상을 담은 찬송이 될 수도 있습니다(사실 이것이 신학의 목표입니다!). 신학이 이 둘 가운데 어떤 신학인가는 귀를 기울이고 기도하는 그리스도인이 이런 신학 작업 뒤편에 어느 정도나 서 있는가에 달려 있습니다. 그리스도인으로서, 귀를 기울이고 기도하는 그리스도인으로서, 우리 각 사람은 신학에 짓눌리지 않도록, 그리하여 그리스도의 군사로 살아가기는커녕 그 전장에 시체로 널브러져 있는 일이 없도록 싸워야 합니다.

따라서 우리는 신성한 신학이라는 말을 함부로 입에 올려서는 안 됩니다. 신학은 그야말로 인간이 하는 일이요, 수공업이며, 이따금 예술이기도 합니다. 결국 신학은 언제나 양면성을 가집니다. 신학은 신성한 신학이 될 수도, 마귀의 신학이 될 수도 있습니다. 둘 가운데 어떤 신학인가는 신학을 하는 손과 마음에 달려 있습니다. 어떤 신학이 정통인가 이단인가를 따지는 것으로 신성한 신학인가 마귀의 신학인가를 반드시 식별할 수 있는 것은 아닙니다. 나는 하나님이 신학 개념을 놓고 하찮은 잔소리나 늘어놓으시는 양반이라고 믿지 않습니다. 그릇된 삶에 용서를 베푸는 분이라면 필시 신학적 성찰을 판단하실 때도 아주 너그러운 재판관이실 겁니다. 정통 신학자도 그 영이 죽었을 수 있습니다. 오히려 그때, 이단인 자는 금지된 좁은 곁길을 천천히 걸어 생명의 근원으로 다가가고 있을지도 모릅니다.

신학 작업이 이뤄지는 뒤편에서 활기찬 영적 삶이 성경과 사귐을 나누는 가운데서와 그리스도인 공동체 가운데서 꾸준히 이어지고, 아직 형상을 갖추지 못한 사상의 그림자가 그곳으로부터 지속적으로 피를 공급받는 것은 지극히 중요한 일입니다. 나에게는 이런 사실들이, 특히 역사비평에 기초한 성경 연구가 신학 공부를 시작한 지 얼마 안 된 신학생에게 영향을 미치곤 하는 것과 마찬가지 방식으로, 인상적으로 분명하게 다가옵니다. 역사비평에 따른 성경 연구가 종종 젊은 신앙인에게 아주 심각하고 때로는 죽음에 이르게까지 하는 부상을 입히는데도, 신학을 가르친다는 우리가 이런 시련에서 아무도 구해 내지 못하는 원인은 대체 어디에 있을까요?

우리가 만일 아주 단순하지만 탄탄한 기초를 가진 영의 사람—가령 옛 경건주의 형제단에 속한 사람이나 한(Hahn) 공동체[1]의 지체로서 마음이 열려 있는 사람—에게 성경 비평이라는 문제를 분명하게 설명하면서, 성경의 증언이 가진 통일성은 성경 비평을 통해 결코 파괴되지 않고 도리어 여러 증인

---

1 요한 미하엘 한(Johann Michael Hahn, 1758-1819)이 주도하여 세운 경건주의 공동체를 말한다.

이 들려주는 다양한 음성의 조화와 그 내용의 충만함이 다만 풍성해질 뿐이라는 것을 일러 준다면, 이런 것에 그가 충격을 받지는 않을 것입니다. 어쩌면 그도 자신이 진정 풍성해졌음을 알지 모릅니다.

13장   산에 오르는 신학 연구에 관하여

학생 시절에 이런 통찰이 미치는 영향은 다른 때 받는 영향과 완전히 다르며 심각한 트라우마를 불러일으키기도 합니다. 이에 관한 아주 간명한 설명이 있는 것 같습니다. 젊은 신입생은 성경이 말하는 구속사, 예를 들어 창조 이야기와 타락에 대한 설명 같은 기반암(bedrock)을 실제로 직접 보기 전에는, 하나님의 생각이라는 알프스 꼭대기의 장엄함을 깨닫기 전에는, 광물학을 활용한 분석을 통해 저 암석을 익히게 됩니다. 그러나 지질학적 형성 과정을 지도와 도표상으로 공부하고 광물학 공식을 일련의 표를 통해 배운다 할지라도, 그가 알프스를 직접 오르기 전에는 알프스 산맥이 어떤 것인지 전혀 이해하기 어려울 것입니다.

여러분에게 고백합니다만, 이 순서를 뒤집어 건전한 체험

순서를 만들어 줄 방법이 전혀 없어 보인다는 것(단순히 실용적인 이유들 때문은 아닙니다!)이 내게는 신학 연구의 난제 중 하나입니다. 그러나 이보다 훨씬 중요한 것은 우리가 신학 강의는 들으면서 정작 성경은 많이 읽지 않으면, 그리고 설교와 성경 연구를 통해 저 기반암을 눈으로 볼 수 있는 기회를 최대한 활용하지 않으면, 우리 영이 병들고 만다는 것을 끊임없이, 거의 단조로울 정도로 일러 주는 것입니다.

이것을 내가 미리 당부하는 말로 이해해 주시기 바랍니다. 만일 내가 이렇게 당부했다는 것을 분명히 하지 않으면 필경 나는 학기가 진행되는 동안 마땅히 할 일을 하지 않았다고 나 자신을 질책해야 할 것이며, 설령 내 신학이 흠잡을 데 없이 탄탄하다 해도(물론 그렇게 속없는 주장을 할 수는 없습니다) 여러분의 영혼을 타락으로 이끌었다는 자괴감을 벗을 수 없을 것입니다. 여러분은 모든 신학 개념을 분석할 때 단순한 귀와 단순한 눈이라는 교정 수단을 함께 가져와야만 비로소 교의학 강의를 올바로, 다시 말해 이치에 맞게, 들을 수 있습니다.

말하자면 우리는 광물 실험실에서 연구하는 셈입니다. 하지만 여기서 가지런히 정돈한 지식은, 여러분 자신이 직접 산에 올라가 그 위의 맑은 공기를 호흡하지 않으면 모두 틀린 것이 되고 맙니다. 우리는 모두 신학의 실험실에서 일하는 이들과 얼음처럼 차가운 제도사를 압니다. 그들에게선 사람을 죽이는 숨이 나옵니다. 우리는 모두 산 정상에 올라가 거기서 생명을 발견하는 대신, 연구실에서 메말라 죽을 위험에 빠져 있습니다. 요컨대, 교의학 강의실은 그리스도인 학생들의 교회 공동체가 있는 곳이라는 것이 신학의 본질에 어울리는, 혹은 오늘날 사람들이 즐겨 말하듯이 신학적으로 '정당한' 일입니다.

사랑하는 학생 여러분, 교의학 강의를 이러한 방식으로 시작하는 것이 특이한 일임을 나도 압니다. 그러나 나는 이 작은 영적 훈련을 시작점에 두어야 했습니다. 내 강의를 듣는 이들이 내게 보내는 신뢰가 신학 연구 뒤편에 자리하고 있을 수도 있는 절박한 필요를 거듭거듭 일깨워 주었기 때문입니다. 또한 그리스도의 교회 앞에 내가 하는 일에서 나 스스로 당당하고 싶었기 때문입니다. 세상에서 경영자로 일하느라 강의를 할 수 없었던 1년 반의 시간을 통해, 나는 이런 상황을 선명하게 파악할 수밖에 없는 안목을 얻었습니다.

신학자와 영의 사람 간의 연결이 나에게는 완전히 새롭게 자리를 잡았습니다. 우리는 추상적 사상의 영역에서 넓은 구간을 돌아다닐 테고, 내가 강의 첫머리에서 제시해야 했던 영적 '보건'을 위한 권면을 이번과 같은 방식으로 되풀이하지는 않겠지만, 여러분 역시 신학자와 영의 사람은 연결되어 있다는 사실을 깨우치길 바랍니다. 부디 이 머리말을 여러분 기억 속에 하나의 모토로, 우리가 행하는 모든 교의학 연구를 감독하는 모토로 간직해 주기를 바랍니다.

해설

해설　　틸리케와 함께 신학의 여정을 떠나다

신학생 시절 조직신학을 전공한 나는 자연히 저명한 조직신학자 헬무트 틸리케를 알게 되었다. 그리고 그에게서 내가 찾던 모범을 발견하였다. 특별히 그의 신학 사상에 매료된 것은 아니었다. 그의 신학 저서는 왠지 내 입장과 취향에 맞지 않아 애독하지 못했다. 그럼에도 내가 그에게 강한 끌림과 도전을 받은 이유는 그가 난해한 철학과 신학을 섭렵한 교의학자인 동시에 탁월한 설교자였다는 사실이다. 나는 교리를 생명력 없이 밋밋하고 무미건조하게 읊조리는 통상적인 조직신학자의 이미지가 무척이나 싫었다. 조직신학이 사람들에게 생명과 열정을 불어넣는 불타는 논리가 되어야 한다고 생각했고 그런 이상을 추구했다. 그런데 내가 바라던 바를 실제 이룬 사람을 만난 것이다. 결코 극복할 수 없이 무한 간극처럼 벌어져 있던 딱딱한 조직신학과 감동적인 설교의 두 영역을 멋지게 통합한 신비로움을 틸리케에게서 발견하고 나도 할 수 있다는 희망과 희열을 느꼈다. 작게나마 그 꿈이 이루어져 지금까지 나는 신학자와 설교자의 길을 걸어왔다. 틸리케가 매주 큰 예배당을 가득 메운 청중 앞에서 설교했듯이 나 역시 교수 사역을 하면서도 매주 설교를 거르지 않았다. 틸리케와는 달리 비록 적은 인원이 모이는 교회에서지만, 신학은 설교로 꽃피고 열매 맺어야 한다는 일념으로 그 사역을 계속해 왔다.

신학생 시절 나는 60여 권에 달하는 스펄전의 설교 전집(*Metropolitan Tabernacle Pulpit*)을 구입했는데, 이 역시 서재의 모든 책을 팔아서라도 스펄전의 설교집을 사라는 틸리케의 조언에 도전을 받았기 때문이다. 그동안 30년 넘게 스펄전의 설교를 애독하며 영적 유익을 많이 얻었다. 수백 편의 길고 긴 스펄전의 설교를 읽는 데 수많은 시간을 썼지만, 지금 와서 돌아보면 그의 충고를 따른 것이 조금도 헛되지 않았음을 확신하게 된다. 복잡하고 어려운 신학 책과 씨름하느라 지치고 메마른 나의 심령을 스펄전의 설교는 은혜의 단비로 촉촉이 적셔 주곤 했다. 그래서 딱딱함과 감동, 난해함과 은혜로움, 학문적 깊이와 영적인 풍성함을 함께 배양하는 신학 훈련을 할 수 있었다.

이같이 틸리케가 젊은 신학생이었던 나에게 큰 도전이 되었듯이, 갓 신학 공부를 시작하는 이들을 위해 그가 쓴 이 소책자가 그들의 일생에 소중한 가이드가 되리라고 믿는다. 노신학자의 따스하면서도 예리한 권면은 신학에 입문하는 이들뿐 아니라 목회자와 신학자들까지 신학에 임하는 마음 자세를 가다듬게 하는 큰 울림과 긴 여운이 있다. 나는 신학 공부를 시작하는 시점에서 이 책을 읽었는데 은퇴를 하는 시점에서 다시 읽어 보니 그 내용이 무척 새롭게 다가왔다. 이 책의 메시지를 내내 곱씹으며 신학 공부를 했더라면 얼마나 유익했을까 하는 아쉬움을 느낀다.

이 책에서 틸리케는 신학의 아름다움과 영광과 함께 그 위험과 질병이 무엇인지를 명확하게 분석해 준다. 신학을 공부한다는 것은 가장 영광스러운 일인 동시에 가장 위험한 작업이다. 신학으로 인해 아름답고 존귀한 사람이 될 수 있는 반면에 가장 추하고 몹쓸 인간이 될 수도 있다. 틸리케는 무한히 아름다우신 분을 논하는 신학이 아름다운 학문이 되지 못하고 거짓되고 추악한 신학이 될 수 있는 위험이 어디에 도사리고 있는지를 전문가적 통찰로 예리하게 짚어 준다.

먼저 틸리케는 그가 일컫는 '신학적 변성기'에 겪는 문제점을 지적한다. 신학 공부를 시작하는 사람들은 교회 역사의 장

구한 세월 동안 빛나는 별과 같은 신앙의 선진과 스승들이 정교하게 발전시키고 구축한 신학 체계를 접하며 탄복하고 열광한다. 탁월한 예술의 경지에 이른 것 같은 신학의 매혹적 자태가 뿜어내는 마력에 흠뻑 빨려 들어간다. 그래서 신학 연구에 탐닉한다. 그 신학적 자산을 모조리 삼켜 버릴 듯이 엄청난 지적 욕구와 열정으로 신학 지식을 폭풍 흡입한다. 그래서 그 신학의 체계를 논리적으로 잘 파악하고 개념적으로 잘 설명할 수 있는 경지에 이른다. 그러나 그 신학이 형성되는 과정에서 선진들이 겪었던 치열한 영적 투쟁과 갈등, 그 속에서 빚어진 생생한 신앙 고백과 영적 체험에는 문외한일 수 있다. "그가 아는 것은 한때 영적이었던 것의 겉껍질"일 수 있다. 급속히 증가하는 신학 지식에 비해 그의 영적인 성숙도는 아주 미미할 수 있다. 틸리케는 이를 자기 몸보다 훨씬 더 큰 바지를 입고 있는 젊은이로 비유했다. 그의 신학적인 지식과 영적인 실존은 심각한 엇박자를 이룬다. 틸리케는 이런 문제를 꼭 부정적으로만 보지는 않았다. 이런 불일치는 신학의 여정에서 대부분 거쳐 가는 변성기, 사춘기의 증상이라는 것이다.

문제는 신학적 변성기에서 벗어나지 못하고 그 안에 계속 갇혀 있을 때 발생한다. 복음의 진리를 직접 체험함으로써 체득하지 못하고 다른 사람, 즉 신앙의 선진들이 경험해서 터득한 진리를 농축해 놓은 글이나 교리적 체계를 아는 것으로 대체하는 것이다. 신앙의 '관념적인 경험', 즉 간접적인 경험에 안주하는 셈이다. 신학의 아름다움과 매력에 도취되어 신학 연구에 매진하다 보면 믿음의 본질이 아니라 그 외형에 홀려 있을 뿐이라는 사실을 자각하기가 점점 힘들어진다. 결국 생명력 없는 추상적 신학 개념에 갇히고 만다. "그들에게서는 어떤 생명의 흔적이나 직접 체득한 진리를 찾을 수 없었습니다. 다만 온기 없는 관념의 사체가 풍기는 냄새만 맡았을 뿐입니다."

물론 간접 경험도 생동감이 넘칠 수 있다. "다른 사람의 신앙이나 영성을 이렇게 인식하는 간접 경험도 아주 생생하고 심지어 강렬할 수 있기 때문에, 자칫하면 자신이 그 모든 것을 직접 경험하고 체득한 것 같은 자기 최면에 빠지기 쉽습니다." 이것이 신학 초년생만의 문제는 결코 아니다. 신학 지식이 충만하여 놀라운 확신과 열정으로 진리를 설파하는 신학자에게 이런 자기 최면의 위험은 더 커진다. 성령에 대한 지식이 충만하여 그것을 감동적으로 전하다 보면 실제로 자신이 성령 충만한 것으로 착각하기 쉽다. 그건 바로 나의 이야기다. 틸리케는 원경험 없이 지적 비대증에 걸린 껍데기 신학자를 경계한다. 아무리 탁월한 신학자의 사상에 깊은 감명을 받았을지라도 그것을 그대로 받아들이고 믿는 것을 당연시하지 말라고 권면한다. 그렇게 하면 예수 그리스도를 믿는 것이 아니라 루터나 칼빈 같은 신학적 거장을 믿는 불상사가 벌어질 수 있다.

그렇다고 간접 경험, 관념적인 경험 자체를 항상 부정적으로 볼 수는 없다. 신학 공부는 어차피 간접 경험을 통해서 진리를 터득해 가는 과정이기 때문이다. 간접 경험은 우리가 직접 경험으로 나아가도록 자극과 도전을 안겨 주는 변환기적인 기능을 한다. 성령께서 신앙의 선진들의 가르침과 삶의 본을 통해 그들의 살아 있는 신앙과 영적인 체험을 우리도 갈망하며 추구하게 하신다. 우리의 간접 경험을 직접 경험으로 전환시켜 관념적으로 아는 것을 체험적으로 알게 하신다. 그러므로 신앙의 선진들을 진리로 인도했던 동일한 성령께 이끌림을 받는 신학 공부를 해야 한다. 그런 의미에서 틸리케는 신학도가 성령의 사람이어야 함을 강조한다. "영의 사람이길 포기하는 이는 저절로 거짓 신학을 하게 됩니다." 비록 그가 하는 신학이 정통 신학일지라도 그 안에는 죽음이 도사리고 있다는 것이다. "신학은 언제나 양면성을 가집니다. 신학은 신성한 신학이 될 수도, 마귀의 신학이 될 수도 있습니다. 둘 가운데 어떤 신학인가는 신학을 하는 손과 마음에 달려 있습니다. 어떤 신학이 정통인가 이단인가를 따지는 것으로 신성한 신학인가 마귀의 신학인가를 반드시 식별할 수 있는 것은 아닙니다.…정통 신학자도 그 영이 죽었을 수 있습니다."

신학은 누구의 손에 들려 있느냐에 따라 의의 병기가 될 수도 있고 반대로 악의 도구가 될 수도 있다. 육신의 마음을 따라 신학을 공부하는 사람은 신학 지식을 자신의 박식함과 탁월함을 과시하는 수단으로 삼으며, 자신보다 지식이 열등한 사람들을 친절하고 겸손하게 이끌어 주기보다는 그들을 지식으로 납작하게 깔아뭉개며 쾌재를 부른다. 병든 인격은 정통 신학마저 왜곡시켜 다른 이를 정죄하고 죽이며 공동체를 분열시키고 파괴하는 도구로 악용한다. 성령의 빛 가운데 거짓된 자아가 벌거벗겨져 십자가에 못 박히지 않으면 신학 공부는 거짓된 자아가 상승하기 위한 발판으로, 다른 이를 죽이고 교회를 허무는 병기로 전락할 수 있다.

그러므로 진정한 신학은 그 탐구의 대상인 하나님과 성령 안에서 깊이 연락하고 교제하는 기도로 시작해서 기도의 호흡으로 얼룩진 순례의 여정이다. "신학 사상이라는 것은 오로지 하나님과 나누는 대화라는 공기 속에서만 숨을 쉴 수 있다." 신학 공부는 그리스도인 공동체에서 배양되는 활기찬 영적 삶에서 끊임없이 온기를 공급받아야 한다. 그렇지 않으면

"신학은 그것을 입은 우리를 짓누르고 얼어붙게 만들어 죽음에 이르게 하는 얼음 갑옷이 될 수 있습니다." 성령이 운행하는 교회 공동체의 기도와 말씀 선포의 기반암 위에 세워진 신학, 거룩한 진리의 산맥 정상에서 드러나는 하나님의 영광을 보며 거기서 맑은 공기, 즉 하나님의 생기를 호흡함으로 빚어지는 신학만이 교회와 세상에 생명을 불어넣는 산 지식이 될 것이다. 틸리케와 함께 신학의 여정을 떠나는 모든 이에게 이런 은총이 있기를 빈다.

박영돈

고려신학대학원 교의학 교수

아주 짧은 옮긴이 말

큰 울림이 있는 선각(先覺)의 글에 아직도 배우는 사람이 감히 무슨 말을 덧붙일 수 있겠나 하는 생각이 듭니다. 이 책은 한 교의학자가 공부를 시작하는 신학생에게, 그리고 이미 신학 공부를 마치고 현장에서 일하는 목회자와 신학자, 그리고 신학에 관심을 가진 모든 이에게, 그리고 어쩌면 학문이라는 세계를 동경하는 모든 이에게, 강의 첫 시간을 빌려 진심과 사랑을 담아 들려준 권면입니다. 분량은 적어도 그 깊이가 깊어 가벼이 읽을 글이 아닙니다. 하루에 한 장씩 읽으며 그 내용을 곱씹고 곱씹어 보시는 것이 좋겠습니다.

첫머리에 있는 들어가는 글은 영역본에만 있습니다. 그 글은 영역본에서 번역했으나, 1장부터 13장까지는 독일어판을 참조하여 번역했습니다. 틸리케의 글이 쉽지 않은 데다, 옮긴

이의 부족함이 많아서 우리말로 옮기기가 쉽지 않았습니다. 원문의 의미를 잘 전달하려고 노력하되, 필요한 곳에서는 원문의 구조를 따르기보다 독자들이 좀더 쉽게 이해할 수 있는 글로 바꾸어 번역했습니다. 부족함이 많겠으나, 독자 여러분의 너그러운 이해와 가르침을 바랍니다. 귀한 책을 번역할 기회를 주신 IVP 지체들께 깊이 감사드립니다.

박규태

옮긴이 박규태는 교회 사역에서 물러나 번역을 하고 있다. 옮긴 책으로 『두 지평』(IVP), 『바울과 팔레스타인 유대교』(알맹e), 『네 편의 초상, 한 분의 예수』(성서유니온선교회), 『세계를 부둥켜안은 기도』(홍성사) 등 50여 권이 있다.

신학을 공부하는 이들에게

초판 발행_ 2019년 2월 21일
초판 2쇄_ 2019년 3월 29일

지은이_ 헬무트 틸리케
옮긴이_ 박규태
펴낸이_ 신현기

펴낸곳_ 한국기독학생회출판부
등록번호_ 제313-2001-198호(1978.6.1)
주소_ 04031 서울시 마포구 동교로 156-10
대표 전화_ (02)337-2257 팩스_ (02)337-2258
영업 전화_ (02)338-2282 팩스_ 080-915-1515
홈페이지_ http://www.ivp.co.kr 이메일_ ivp@ivp.co.kr
ISBN 978-89-328-1693-7

ⓒ 한국기독학생회출판부 2019

책값은 뒤표지에 있습니다.
무단 전재와 복제를 금합니다.